Amalia Sina

PSICOPATA
corporativo

Identifique-o
e lide com ele

Publisher
Henrique José Branco Brazão Farinha
Editora
Cláudia Elissa Rondelli Ramos
Preparação de texto
Gabriele Fernandes
Revisão
Ariadne Martins
Vitória Doretto
Projeto gráfico de miolo e editoração
Lilian Queiroz | 2 estúdio gráfico
Capa
Casa de Ideias
Impressão
Assahí Gráfica

Copyright © 2016 *by* Amalia Sina
Todos os direitos reservados à Editora Évora.
Rua Sergipe, 401 – Cj. 1.310 – Consolação
São Paulo – SP – CEP 01243-906
Telefone: (11) 3562-7814/3562-7815
Site: http://www.evora.com.br
E-mail: contato@editoraevora.com.br

DADOS INTERNACIONAIS PARA CATALOGAÇÃO NA PUBLICAÇÃO (CIP)

S622p

Sina, Amalia
     Psicopata corporativo : identifique-o e lide com ele / Amalia
Sina. - São Paulo : Évora, 2017.
     146 p. ; 16x23 cm.

     ISBN 978-85-8461-108-9

     1. Comportamento organizacional. 2. Executivos - Psicologia.
3. Psicopatia. 4. Doenças profissionais. 4. Ambiente de trabalho. 5.
Distúrbios da personalidade. I Título.

CDD- 658.40019

JOSÉ CARLOS DOS SANTOS MACEDO – BIBLIOTECÁRIO – CRB7 N. 3575

Todos veem o que você parece ser,
mas poucos sabem o que você realmente é.

Maquiavel

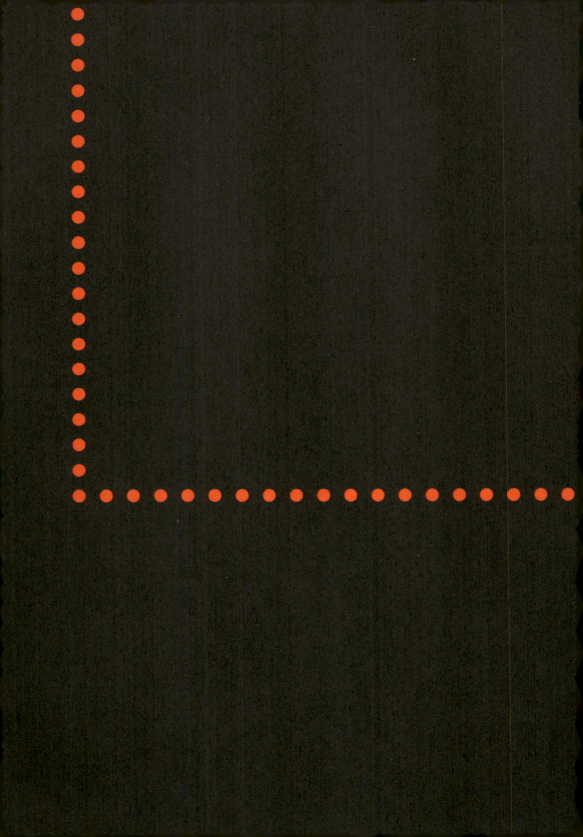

Para meu marido,
a primeira pessoa que me vem à mente quando
penso em força de caráter e ética.
Horácio, obrigada pelas décadas de amor e amizade.

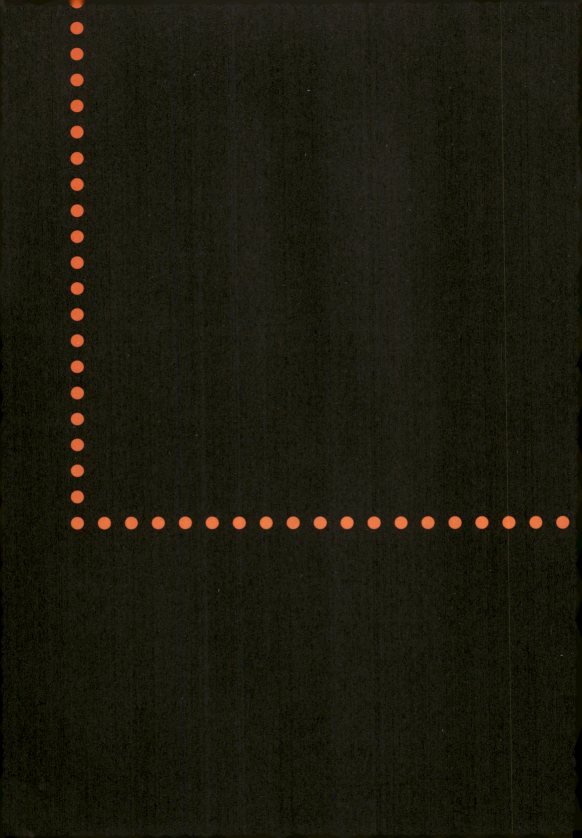

AGRADECIMENTOS

Agradeço em primeiro lugar a Deus pelo dom da vida e da escrita.

Sou grata ao valioso trabalho da equipe da Editora Évora, que ajudou a fazer deste livro uma ferramenta útil para seus leitores. Agradeço também a fé que depositaram no meu projeto.

Agradeço a todas as pessoas que entraram na minha vida e foram capazes de me inspirar e me comover a ponto de escrever este livro. Sem elas, teria sido uma tarefa bem mais difícil.

Também expresso minha gratidão especial às pessoas que contribuíram para a conclusão do trabalho: Ricardo Tayra, pela primeira revisão; Lucas Sina, pela idealização da capa; Horácio Rocha, pela primeira leitura dos originais; e Tatiana Vieira, pelo apoio e amizade.

Agradeço, de forma destacada, a generosidade das pessoas que fizeram seus depoimentos ilustrando o tema de maneira precisa.

E, por fim, agradeço à minha amada família, que foi torcida e incentivo constante do começo ao fim deste projeto.

APRESENTAÇÃO

Cada vez mais se acentua a necessidade de sermos fortes, mas não existem fórmulas prontas para se chegar à força sem que saibamos conviver com a fraqueza. Em determinado momento ficou estabelecido que para vencer seria necessário subjugar o outro, lutar a qualquer preço para se atingir o poder que chega junto com o sucesso.

A partir daí, vemos que "esse é o meu jeito de ser" se tornou uma frase do cotidiano para explicar a brutalidade, a violência, a ignorância e a vaidade de algumas pessoas que insistem em ocupar o espaço das outras a qualquer custo.

Com ares de superioridade e impulsividade, sem sentir afeto por ninguém, nem culpa pelo que fazem, os psicopatas vão de degrau em degrau destruindo vidas. Vistos como pessoas fortes e destemidas, tendem a impressionar logo de cara e, por conta disso, são considerados capazes de transpor facilmente os desafios corporativos.

Superficiais nos relacionamentos, usam as pessoas para seu próprio benefício e não se preocupam com o mal que podem causar a quem quer que possa impedir sua escalada ao poder. São seres com alta capacidade de sedução e grande habilidade para manipular. Podem parecer "normais" e até encantadores, mas são doentes, de corpo e alma. Pessoas sem piedade, sem respeito e misericórdia pelos demais. Apesar de a doença até hoje não ter cura, não podem se abster totalmente de sua responsabilidade (mas, em geral, o fazem). São hipócritas a maior parte do tempo, o que impede a vítima de se defender se não conhecer as ferramentas adequadas. Assim são descritas algumas das inúmeras características do psicopata, que pode estar (e, via de regra, está) entre as pessoas de nosso convívio.

Como identificá-los? Como agir quando somos alvos e vítimas de suas idiossincrasias e maldades? Como conviver no ambiente de trabalho sem sofrer dia após dia é a proposta principal desta obra, que nasce da experiência de trinta anos de uma executiva que conhece os bastidores, o palco e a plateia do mundo corporativo. Amalia Sina explora neste livro os detalhes das mentes e das ações dos psicopatas com quem conviveu, convive e, por certo, conviverá. Com certeza, entre os protagonistas e depoimentos anônimos, você reconhecerá várias semelhanças com os seus colegas de trabalho. Este é um livro fundamental para quem, como você, tem a alma voltada para o bem.

PREFÁCIO

PREVIDÊNCIAS E PROVIDÊNCIAS...

Mario Sergio Cortella

"O medo
tem alguma utilidade,
mas a covardia
não."
Mahatma Gandhi

Amalia Sina conhece com profundidade o mundo das organizações; mais de três décadas trilhando esses territórios laborais permitiram que acolhesse e colidisse com muitos e diversos tipos de gente que dela foram subordinados (quando gestora no topo de várias empresas) ou seus superiores hierárquicos (em outros momentos e cargos no Brasil e fora daqui). Por isso, ela não é, de modo algum, amadora nessas tramas que emergem dos relacionamentos e convivências inerentes ao cotidiano de colegas de trabalho.

Desta vez decidiu que iria focar em um tema difícil, muitas vezes silenciado, e sempre sujeito a turbulências, certezas e ignorâncias: a presença entre nós de pessoas com um transtorno de personalidade também chamado de psicopatia, portadoras de uma doença que afeta e vitima os circunstantes e, claro, o próprio portador.

Essa doença, ainda sem uma fonte nítida e nem uma terapêutica definitiva, provoca em muitos danos que ultrapassam o âmbito do indivíduo portador; por intermédio das ações e reações dessa pessoa, do alcance do poder e da ascendência que possa ter nos ambientes em que atua, e da força de suas decisões e determinações, o resultado sobre colegas e negócios costuma ser destruidor.

É uma doença, sem dúvida, o que exige nossa indulgência; contudo, seria leviano que essa capacidade compreensiva nos conduzisse a nós e aos outros a uma situação de vulnerabilidade, risco e temeridade! Compreender não é o mesmo que aceitar; temos de conhecer e enfrentar as causas e os efeitos deletérios que eventualmente decorram da atitude de alguém, de modo a proteger a integridade do coletivo.

Essa é a razão principal para ficarmos atentos ao que neste livro Amalia Sina procura partilhar conosco: um alerta, expressivo e orientador, sem ser complacente, sobre os perigos do desconhecimento acerca de uma das ameaças e tribulações mais implacáveis que atinge nossos vínculos nos espaços coletivos.

O que vale? Entender bem, para não tachar de forma irresponsável; preparar-se bem, para não menosprezar os efeitos nocivos; lidar bem, para não facilitar a prática danosa!

SUMÁRIO

PARTE A
CONHECIMENTO É CRUCIAL – O INÍCIO DA JORNADA
PARA QUE EXISTA UMA CHANCE DE SOBREVIVÊNCIA
NO AMBIENTE EM QUE ATUA O PSICOPATA,
É IMPORTANTE ESTUDAR, ADQUIRIR CONHECIMENTO 1

CAPÍTULO 1
ENTENDA OS PRINCÍPIOS DA PSICOPATIA 3

CAPÍTULO 2
CARACTERÍSTICAS E MANIFESTAÇÕES DA DOENÇA 25

CAPÍTULO 3
A PERSONALIDADE DO PSICOPATA 43

PARTE B
IDENTIFIQUE E ANALISE O PSICOPATA – O MEIO DA JORNADA
PARA O PSICOPATA, MORAL E ÉTICA NÃO EXISTEM E,
PORTANTO, REGRAS SÃO IGNORADAS:
SOMENTE SEUS OBJETIVOS SÃO RELEVANTES 57

CAPÍTULO 4
COMO AGE E REAGE ALGUÉM QUE NÃO SENTE CULPA,
MEDO OU COMPAIXÃO 59

CAPÍTULO 5
APRENDA A LIDAR COM UMA PESSOA QUE SÓ PENSA
EM SI MESMA E EM SEUS INTERESSES   75

CAPÍTULO 6
SOBREVIVA AOS ENCANTOS DE UM MANIPULADOR,
TIRANO E MENTIROSO, QUE FAZ O QUE FOR PARA CHEGAR
E MANTER O PODER   89

PARTE C
**SAIBA COMO AGIR COM UM PSICOPATA
E CONVIVER SEM DOR – O FIM DA JORNADA**
O PSICOPATA PODE PASSAR A VIDA INTEIRA
FAZENDO O MAL. NÃO DEIXE QUE ISSO OCORRA COM VOCÊ.
IDENTIFIQUE-O E PROTEJA-SE.   101

CAPÍTULO 7
ACEITE A REALIDADE: ALGUMAS PESSOAS
NÃO TÊM CONSCIÊNCIA E SÃO CRUÉIS   103

CAPÍTULO 8
NEM TODAS AS PESSOAS MÁS SÃO PSICOPATAS.
ELAS TÊM O POTENCIAL PARA FAZER O MAL,
APRENDA A CONVIVER COM ESSA REALIDADE   115

BIBLIOGRAFIA   125

PARTE A

CONHECIMENTO É CRUCIAL – O INÍCIO DA JORNADA

PARA QUE EXISTA UMA CHANCE DE SOBREVIVÊNCIA NO AMBIENTE EM QUE ATUA O PSICOPATA, É IMPORTANTE ESTUDAR, ADQUIRIR CONHECIMENTO

ENTENDA OS PRINCÍPIOS DA PSICOPATIA

1

Todo mundo está vulnerável a um psicopata. Charmoso, de personalidade marcante, cheio de encantos e inteligência, esse personagem, em geral, tem uma carreira de sucesso. Embora seja dotado de um charme artificial, costuma conquistar as pessoas logo no primeiro contato. Sempre pronto a elaborar bons argumentos, o psicopata tende a ser e ter uma presença marcante e envolvente, deixando por onde passa uma boa impressão até que seja revelada sua verdadeira identidade. Com comportamento determinado e assertivo, tende a analisar profundamente as pessoas para usá-las a seu favor.

Ainda assim, pouco se sabe sobre como o comportamento psicopata ocorre. Vários especialistas acreditam que haja um componente genético que representa uma parte importante. Já outros consideram que o ambiente tem a mesma importância na formação da personalidade psicopata. Apesar do pouco entendimento que se tem, a psicopatia é considerada um dos mais sérios distúrbios de personalidade.

Cabe ressaltar que grande parte das pessoas julga saber o que é personalidade. Na verdade, ela é o modo como o indivíduo pensa e se comporta. Então, por exemplo, podemos dizer: Márcia é muito dramática, João é muito extrovertido, Carlos se emociona demais e é muito sensível ou é extremamente tímido etc. Ou seja, temos a tendência de rotular as pessoas e definir qual é sua personalidade. Como Carlos e os demais, podemos ser tímidos de vez em quando. Entretanto, o que define uma pessoa como sendo tímida é se ela se comporta assim a maior parte do tempo e com a maioria das pessoas, tendo esse traço como parte importante de sua personalidade.

Embora não tenha cura, muitos psiquiatras administram medicamentos para conter a violência em pessoas com casos extremos de psicopatia, ou seja, aqueles indivíduos que chegam a cometer crimes.

Em adição, a psicopatia é uma das doenças mais difíceis de ser diagnosticada. Mesmo assim, médicos, psiquiatras e psicólogos têm buscado desenvolver uma bateria de testes para a confirmação que dá o diagnóstico da doença.

Portanto, se torna difícil dizer se uma pessoa é ou não psicopata. O conhecimento nesse quesito passa a ser fundamental, pois reconhecer o psicopata é o que poderá fazer a diferença para não se tornar uma de suas vítimas. Além disso, são poucas as estatísticas que dão conta de quantas pessoas exatamente apresentam características de personalidade psicopata. Daí a importância de estar preparado, de estudar o tema, para que possa se proteger das investidas perigosas e às vezes criminosas de um psicopata.

Os dados mais detalhados existentes são das pessoas que foram pegas e encarceradas por terem cometido crimes graves. Entretanto, um psicopata nem sempre, ou raramente, é pego cometendo atitudes criminosas, já que sua inteligência e astúcia lhe credenciam a atuar de maneira discreta, lenta, porém não menos danosa.

O psicopata possui um complexo distúrbio de personalidade e é definido como alguém com comportamento assertivo e extremamente extrovertido. Ainda assim, existem dois tipos de psicopata — e um deles é aquele que comete crimes hediondos e exagera em suas ações de crueldade, subjugando suas vítimas à grande sorte de dor e terror. Este livro não foca nesse tipo de psicopata, pois seria um assunto para ser desenvolvido com explanação de casos específicos, o que não é o foco no caso de psicopatia no ambiente corporativo.

O outro tipo de psicopata, não menos perigoso e assustador que o anterior, é aquele que vive no ambiente de trabalho, dissimulando atitudes, pronto para dar o bote como uma cobra sobre sua presa. É sobre esse tipo de personalidade no trabalho que este livro trata, servindo como apoio para aqueles que precisam, não tendo outra opção, lidar com essas "criaturas das trevas" para poderem ganhar seu sustento.

Aspectos bioquímicos e neurológicos são claramente notados quando há uma manifestação da psicopatia — níveis de serotonina, testosterona e cortisol, elementos fundamentais para o equilíbrio humano, apresentam-se alterados nesse caso.

A testosterona é um hormônio masculino que, quando em altos níveis, pode levar à violência, à redução do medo e a um comportamento agressivo. Não ocorre em todos os casos, mas é um indicativo de que algo não vai bem e que a razão de tal desequilíbrio precisa ser analisada.

Cabe ressaltar que existe uma certa confusão quanto à diferença entre psicopata e sociopata. Muito se pode analisar nesse sentido, porém se trata da mesma doença, já que existe uma linha tênue que separa um de outro. Não é o caso aqui de se aprofundar para explicar a diferença entre eles.

Ainda assim, para deixar mais claro, o psicopata tem origem inata (condição genética), sofrendo pouca influência do ambiente. Já o sociopata seria o contrário. Ambos têm distúrbio social de personalidade, o que varia é o grau de consciência.

O psicopata não apresenta sentimento de empatia ou misericórdia, portanto nunca ofenda um psicopata e também nunca confie em nenhum deles. Não arrisque sua análise para detectar se estamos diante de um psicopata ou sociopata, a diferença é pequena, e o risco para distinguir não vale a pena. De todo modo, alguns aspectos são fundamentais para se identificar um psicopata no dia a dia. Algumas características saltam aos olhos.

Psicopatas têm o comportamento voltado à manipulação das pessoas por meio da oratória bem desenvolvida. São mentirosos contumazes, viciados em criar histórias que impressionam, se achando sempre melhores que os outros. Como criam fatos, apresentam autoestima exagerada e acham todos os demais lentos e medíocres. Quando falam com alguém, estão sempre com más intenções na mente, não espere benevolência de um psicopata. No entanto, será difícil para uma pessoa normal detectar ou separar uma mentira da verdade, já que o psicopata não tem nenhum compromisso com a verdade. Ele vive num mundo criado por ele mesmo.

Por nunca terem dúvida, são pessoas sem culpa, portanto, apesar de fazerem muita maldade e crueldade, não sentem remorso. Pedem desculpas, mas são falsos sentimentos de arrependimento. O que querem é continuar a manipulação para obterem o que desejam. Diante de situações difíceis, tendem a não assumir a responsabilidade pelos seus atos e culpam os que estão à sua volta, pois, na visão deles, nunca erram. "O problema e a culpa são sempre dos outros", dizia um alto executivo com o qual trabalhei.

A vida de um psicopata é uma longa e detalhada mentira, na qual ele mesmo tropeça de vez em quando, tendo que criar detalhes perversos para continuar sua trajetória do mal. Cada vez que cria algo para se proteger, envolve pessoas, fala mal delas pelas costas, fazendo-se de vítima. Se aproveita de cada momento favorável para destruir alguém que não necessariamente tenha lhe feito algo de mal. Trata-se de uma "criatura das trevas". Tive a tristeza de conviver com vários ao longo de minha carreira.

Os psicopatas são pessoas que precisam de estímulo constante, não param, estão sempre criando algo para se manterem ocupados e despistarem suas verdadeiras intenções. Como fazem várias coisas ao mesmo tempo, deixam confusos os que estão à sua volta, que por não conseguirem acompanhar seu ritmo, se sentem inúteis e incompetentes. Na sua maioria, os psicopatas apresentam desde a tenra infância problemas de comportamento voltados à mentira e à necessidade de quebrar regras. Sempre foram impacientes, querendo receber recompensa por tudo que pudessem levar vantagem. Podem até ter sido delinquentes na juventude, porém terão sucesso logo no início de suas carreiras. Em geral, vêm de um lar onde enfrentaram algum tipo de dificuldade e, portanto, sabem lidar com problemas de difícil solução. Por causa desse fator, suas qualidades são apreciadas nas empresas.

Atualmente são confundidas as características de um psicopata com as necessárias para uma gestão em tempos de crise. Ou seja, assertividade focada em resultados, agressividade para tomar decisões impopulares, habilidade para atuar sob forte pressão, entre outras características que os tornam fortes candidatos para postos de alta gestão e liderança. Muitas dessas características derivam do método chamado de Psychopathy Checklist (PC) desenvolvido pelo doutor Robert Hare, que é ph.D. em psicologia pela Universidade da Colúmbia Britânica no Canadá. Existe um critério para somar os pontos, adicionando uma entrevista, além da análise da vida do paciente.

Como disse a autora de novelas Glória Perez, mãe que teve sua filha morta de maneira trágica por um psicopata, no livro *Mentes perigosas* (2014, p. 11), de Ana Beatriz Barbosa Silva: "A gente resiste muito a acreditar na existência do mal enquanto prática humana". Por conta desse modo de ver a vida, acabamos por tentar esquecer o que vemos no nosso dia a dia dentro das corporações.

A ideia de escrever sobre os psicopatas no ambiente de trabalho, contando algumas passagens reais de uma carreira de trinta anos, surgiu a partir da minha vasta experiência dentro de grandes corporações onde pude presenciar fatos que se demonstraram perigosos para a vida das pessoas de bem. Eu mesma, vítima de vários psicopatas, me vi diante de situações-limite que prejudicaram minha performance e até minha saúde. Graças a muito apoio psicológico, estudo e minha família, sempre consegui conviver com os psicopatas de diferentes idades e níveis hierárquicos. Inclusive tive o desprazer de me reportar a alguns, com os quais aprendi a ler relativamente bem a mente desses seres malignos.

PSICOPATAS NO COMANDO E TAMBÉM ENTRE OS PARES

Não quero falar somente de chefia, pois tive vários pares e subordinados que também atuaram de maneira impostora, jogando os jogos corporativos de forma injusta e com comportamento psicopata. Relatarei diversos casos através de depoimentos de pessoas de empresas que, por razões óbvias, preferiram não se identificar. São depoimentos de arrepiar e de entristecer qualquer pessoa que tenha no coração a vontade de ver seu semelhante feliz.

Quanto mais alto o nível do indivíduo na corporação, mais fácil era aplicar técnicas de persuasão por meio da intimidação, do medo e de malignidade. Ou seja, é difícil crer que seja possível chegar às posições que cheguei dentro do mundo corporativo sem me deparar com inúmeros psicopatas. De voz doce e personalidade "humilde", muitos líderes me fizeram crer que o mal muitas vezes pode prevalecer.

Tanto que uma das artimanhas do psicopata é colocar pessoas indicadas por ele em posições-chave, para que possa manipular os vários níveis da organização. Sempre atento e trabalhando horas a fio, parece se dedicar à empresa, o que faz com que os seus superiores jamais desconfiem de sua personalidade doente. Na verdade, ocorre que o psicopata delega todo tipo de atividade que gera trabalho pesado, investimento de tempo e necessidade de real dedicação. Ou seja, o que puder passar para alguém fazer por ele, assim o fará. O crédito do resultado, se positivo, será dele. Se negativo, não dará apoio.

A natureza dos psicopatas pode ser muito desastrosa e devastadora, além de assustar aos poucos cada um que tente entrar em sua frente para fazer ações corretas no trabalho. É importante salientar que os psicopatas podem apresentar níveis variados da doença – de leve, moderado a grave, sendo este último o que leva a crimes de *serial killers*, por exemplo. O tema psicopatia ainda é um tabu e assunto controverso mesmo entre os psiquiatras e profissionais que cuidam da mente humana, por isso este livro não se propõe a discutir profundamente dados científicos que comprovam aspectos físicos dos indivíduos portadores dessa doença. Não iremos estudar com profundidade a mente do psicopata, mas sim seu comportamento dentro do ambiente de trabalho. Alguns indivíduos, quando inseridos nesse meio, atuam de maneira muito competente, servindo seus chefes de modo bastante dedicado, mas, por trás, agem de maneira escusa, traindo e fraudando informações.

Um dos motivos que me levou a escrever este livro foi o fato de ter ouvido inúmeros relatos de pessoas vítimas de psicopatas no ambiente de trabalho. Como professora de cursos de mestrado, palestrante e consultora de diferentes segmentos, pude perceber que esse tipo de gente vem causando muitos danos físicos e morais dentro das organizações. Senti que cabia uma obra sobre o tema, até porque há pouca literatura que aborde o assunto sob esse prisma. Sem contar que me foi sempre importante ter consciência de quem sou e que papel represento no mundo. Isso serve para mim como pessoa, como profissional e, acima de tudo, como um ser que interage com seu semelhante. Para o psicopata, não há seres semelhantes: ele só vê a si mesmo e seus próprios interesses.

CONSCIÊNCIA E VALORES

Durantes esses trinta anos como executiva e até como empresária, vi grande inversão de valores; pessoas competentes, sérias e trabalhadoras perderem espaço para os psicopatas que, com artimanha e astúcia, chegavam antes ao pódio. Porém roubando, burlando regras, destruindo pessoas e sempre com um sorriso no rosto e gestos magnânimos. Até porque, detrás da maioria dos psicopatas está uma história comovente e ações filantrópicas. O psicopata se preocupa com sua imagem, pois precisa estar acima de qualquer suspeita. Daí estar sempre pronto para apresentar ideias mirabolantes para fazer o bem aos demais. Mas nada é verdadeiro, pois, para o psicopata, o bem que interessa é somente o dele mesmo. Falta a ele a consciência de si mesmo, do que ele é, e, por não ser dotado de consciência, não é capaz de amar alguém. Digo isso pelo fato de a consciência ser algo entre a razão e a sensibilidade, como afirma a doutora Ana Beatriz Barbosa Silva, no já citado livro *Mentes perigosas*. Ou seja, o psicopata não sabe lidar com a correlação que existe entre mente e coração, só sabe usar a mente, e somente a seu favor. Triste realidade. Em geral, sabemos quando algo não vai pelo caminho correto, sabemos quando alguém tem o espírito voltado para agir de maneira suspeita, mas relutamos em acreditar que exista gente que não está orientada para o bem.

Quando iniciamos uma carreira, é muito mais difícil detectar quem tem potencial psicopata. A ingenuidade do início e a vontade de aprender cegam o profissional, fazendo com que sofra muito caso encontre pela frente um experiente psicopata. Não tenha dúvida que pessoas frágeis, inexperientes e sensíveis são as presas mais procuradas e interessantes para o psicopata. Em geral, quando percebe que você tem algum poder para prejudicá-lo, tende a respeitar, por temer um confronto que vai contra seu jeito dissimulado de ser. Prefere atacar vítimas mais fáceis que, por verem nele uma pessoa determinada e assertiva, ficam ao redor para usufruir desta sensação de poder que o psicopata emana. Dentro de um ambiente ameno e de potencial para crescer, um psicopata pode desenvolver uma estratégia vencedora no sentido de que não haverá concorrência para ele. Bom humor e empatia abrem portas. Portanto, o psicopata terá trânsito livre em vários setores e ambientes de uma empresa.

Os bancos são locais propícios para o desenvolvimento dessa devastadora doença, já que os funcionários lidam com o poder que o dinheiro dá. Sem contar que se trata de um ambiente altamente competitivo, pois atuam com vaidade exacerbada e jogos de risco. Temos visto no mercado psicopatas financeiros atuando fortemente e quebrando empresas por conta de suas decisões egoístas e voltadas para si mesmos. Gente que, da noite para o dia, chega à lista de pessoas mais ricas e influentes do mundo e que depois se revelam grandes impostores e – por que não dizer – ladrões.

Outro ambiente onde a psicopatia atua fortemente são as empresas que estimulam a concorrência entre executivos por meio de planos de carreira. Nesse segmento, as corporações criam verdadeiros predadores uns dos outros, a fim de poderem chegar aonde querem. Trata-se de um terreno assustador, pois as empresas deixam de pensar em seus produtos, serviços e pessoal para dar lugar a uma luta explícita pelo poder. Nesse campo de batalha, serve e pode tudo para a conquista de uma posição de destaque. Em geral, ganha mais aquele que bajula mais, que sabe mais do que os outros, não importando como tenha conseguido a informação.

O jogo do psicopata se alicerça na autopromoção baseada no esforço alheio, ou seja, subir a qualquer preço, nas costas de suas vítimas. De sangue gélido, esses seres se aproveitam da ingenuidade alheia para se revelarem muitas vezes por seus atos transgressores. São desprovidos de remorso, portanto não sentem culpa por nenhum mal que causam às pessoas. Na verdade, não pensam sobre isso, não se colocam no lugar dos outros. Engana-se quem pensa que age assim apenas porque tem uma mente doentia: o psicopata age dessa maneira porque é frio e calculista. E sabe que é assim seu jeito de ser.

Cabe enfatizar que qualquer um de nós pode, em algum momento da vida, ter atitude agressiva, egoísta e voltada para realizar ações transgressoras, mas isso não significa que somos psicopatas. Aqui falamos de pessoas que são transgressoras contumazes, que vivem nesta dinâmica de usar as pessoas para seu próprio benefício, atuando sem misericórdia e sem dó.

Segundo o doutor Robert Hare, que é uma autoridade sobre o assunto, o psicopata tem completa ciência dos seus atos, o que o torna totalmente responsável pelos resultados de suas ações.

TIPOS DE PSICOPATIAS

Há o indivíduo chamado de psicopata social, aquele capaz de causar sofrimento a uma ou mais pessoas ao mesmo tempo. Pode atuar em uma comunidade, uma empresa ou mesmo dentro de uma família. Apesar de saber que causa dor aos outros, é incapaz de sentir qualquer arrependimento, essa palavra não faz parte de seu vocabulário. Aliás, tende a chamar de fraco quem se manifesta arrependido do que fez. Aquilo que chamamos de "peso na consciência" não se aplica no caso dos psicopatas, eles não têm consciência e nem sentimentos de pesar. Podemos chamá-los de manipuladores sociais que mentem, caluniam, trapaceiam, se vingam e nunca admitem que estão fazendo mal a alguém. É como se vivessem num mundo à parte, onde são o rei e centro de tudo.

Quanto ao aspecto vingança, reze para não contrariar ou colocar em perigo um psicopata. Ele poderá lembrar-se de você todos os dias e enfatizar os sentimentos negativos a seu respeito de tal forma, que só sossegará quando tiver se vingado. E o fará de maneira exagerada, já que não importa o que se faça para um psicopata, ele sempre irá reagir de maneira perigosa. Tem boa memória, não se esquece de seus inimigos e aprecia se vingar sem que ninguém saiba, pois o importante é que a pessoa sofra (e muito). Portanto, enfrentar um psicopata de peito aberto à luz do dia não é uma boa ideia e nem recomendável. Você poderá pensar que o psicopata já lhe esqueceu, mas anos e anos podem se passar até que ele se sinta vingado. Os psicopatas graves acordam e pensam em seus inimigos como se tal ato fosse um mantra, uma oração, chegam ao absurdo de fazer uma lista com o nome dos seus desafetos. Algo parecido com o que ocorre com a personagem de Uma Thurman no filme *Kill Bill*, um grande exemplo do que se trata uma vingança organizada e quase sem fim.

Embora a psicopatia esteja estereotipada a pessoas com comportamento violento, com aparência de louco e imagem agressiva, nem sempre isso ocorre. Pode ser que o psicopata esteja embaixo de uma expressão facial leve, olhos cheio de alegria escondendo uma mente doentia, um pensamento cheio de ódio e sede de vingança. Não subestime: o melhor que você pode fazer é aprender a lidar com eles e evitar ser alvo do ódio de um psicopata. Outra coisa: nunca prejudique alguém que o psicopata pareça gostar ou precisar, pois aí cria-se o sentimento de ameaça aos seus interesses, o que pode ser ainda mais perigoso. Não fique entre o psicopata e seus objetivos, não o agrida em frente a outras pessoas, pois ele jamais irá deixar passar ou perdoar tal tipo de comportamento.

O psicopata gosta de sentir e ter a impressão de que controla as pessoas e os fatos à sua volta. Às vezes, porque é doente, apesar de ciente do que faz, ele ataca sem motivo aparente, apenas pelo prazer de ver sofrer alguém mais feliz que ele. Não aceita que as pessoas tenham mais talento que ele, nem mais dinheiro, nem mais notoriedade, quer tudo para ele, todas as atenções. Por ser tão perigoso se deparar com alguém assim, muitas vezes o melhor que você pode fazer é fingir que está à disposição dele e deixá-lo pensar que controla você. Dessa forma, você terá tempo para analisar melhor a situação e buscar uma solução para se livrar da perseguição do psicopata. A verdade é que, ainda que você tome todos os cuidados para não o ofender, o psicopata poderá achar que você é uma ameaça para seus interesses e querer prejudicá-lo. Toda atenção e cuidado são pouco.

O melhor mesmo é estudar os detalhes e os princípios da psicopatia. Este livro pretende ser uma fonte de aprendizado sobre como identificar e lidar com as investidas de um psicopata.

Estatísticas dão conta de que, na população mundial, 4% das pessoas sofrem de psicopatia. Porém não é fácil fazer o diagnóstico, pois são pessoas que dissimulam muito, apresentando comportamento duplo, ou seja, são boas pessoas publicamente e péssimas na sua intimidade, dentro de si mesmas. Existem ainda outros tipos de psicopatas: matadores em massa, *serial killer* e *spree killer*. O matador em massa faz quatro ou mais vítimas no mesmo local. O *serial killer* comete uma série de homicídios com intervalo de tempo. Já o *spree killer* é um matador impulsivo, sendo a vítima sempre alguém que está no lugar errado, na hora errada.

Este livro trata dos psicopatas que atuam no trabalho e que, de certa forma, não estão envolvidos em crimes hediondos contra a vida humana. Muitos estudos analisam a personalidade dos psicopatas não criminosos e a dos psicopatas criminosos. Ao contrário do que se imagina, a maior parte dos psicopatas não apresenta comportamento violento, e a maioria das pessoas violentas não é psicopata. O maior número de psicopatas é de homens: segundo as estatísticas, de cada quatro psicopatas, apenas uma é mulher. Conforme estudos, o psicopata procura continuamente uma gratificação psicológica, sexual ou ainda ações impulsivas que lhe deixem excitado. Segundo Freud, a personalidade do psicopata faz com que o ego não possa mediar id e superego. Ou seja, o id é regido pelo princípio do prazer e não tem controle sobre as ações do ego. Em resumo, pessoas assim ganham satisfação somente pelo comportamento antissocial.

ADAPTAÇÃO SOCIAL É UM PROBLEMA

O psicopata, desde a sua infância, apresenta comportamento voltado à mentira, à dissimulação e a brincadeiras com as quais possa levar vantagem. Quando cresce, não aceita perder, quer ganhar de qualquer maneira, pois tem uma visão exageradamente positiva de si mesmo. Um sentimento de grandeza que durante toda a vida irá perseguir seus pensamentos.

NÃO LIDA BEM COM CONTRARIEDADE

Era de se esperar que o psicopata não lidasse bem com situações contrárias à sua vontade. Por consequência, não gosta de ser corrigido, nem em público nem em particular. Portanto, não aprecia reeducação ou castigos voltados a corrigir seu comportamento. É o tipo de pessoa que sempre irá buscar um atalho para não sofrer as consequências de seus erros.

IMPULSIVIDADE EXAGERADA

Um pouco de impulsividade pode ser positivo para crescer na vida, para enfrentar os desafios cotidianos. Entretanto, no caso dos psicopatas, eles podem usá-la como uma resposta negativa desproporcional aos desafios do dia a dia, tendo baixa tolerância a frustações. Sendo assim, tendem a cometer brutalidades e serem cruéis.

MORALIDADE NÃO É O SEU FORTE

Sabe-se que a moral é um conjunto de regras culturais, de educação, da tradição e do dia a dia que orientam o comportamento das pessoas dentro de nossa sociedade. O psicopata não segue tais regras e se comporta de maneira a ignorar a consequência de não respeitar o que toda a sociedade tem como parâmetro. As regras que são estabelecidas pela moral são o regulamento para a forma de agir das pessoas e estão ligadas aos bons costumes de toda uma sociedade. Princípios morais como a bondade, a virtude e a honestidade não são reconhecidos pelo psicopata. Uma mente assim não atua como a maioria de nós agiria diante da vida.

AFETO NÃO É ALGO QUE APRECIA

O afeto é extremamente positivo e importante para a formação do ser humano e para que ele possa ver no outro uma extensão de si mesmo. No caso do psicopata, receber ou dar afeto é algo irrelevante, o que altera a forma como o cérebro irá reagir diante da frustração ou do estresse.

MENTIRAS SÃO PARTE DE SUA VIDA

A mentira se esconde na raiz da herança cultural humana, pois existe sim a necessidade de fazer o outro acreditar (ou até si próprio). Nossas histórias infantis, desde sempre, foram recheadas de doces mentiras para poder saciar o ser humano de sua necessidade, quase atávica, de mentir. No livro *Por que mentimos*, David Smith explica o papel essencial que a mentira tem na evolução humana, enfatizando que a capacidade de enganar si mesmo e os outros está na base da condição humana. Ainda assim, não estamos falando desse nível de mentira que usamos para sobreviver, para não ferir, para suportar dores – as mentiras que fazem parte de nosso ser. Para o psicopata, a mentira é um jeito de viver, é uma forma de existir, de tal forma que sua vida inteira é criada a partir de pequenas ou grandes mentiras, teias envolventes que criam empatia com outras pessoas. O psicopata conta histórias incríveis sobre si mesmo, chegando ao absurdo de criar personagens para enganar todos. Em geral, descreve sua vida cheia de grandes feitos e também de grandes dificuldades. O que varia é o que ele escolhe contar para se safar de problemas ou ainda para levar vantagem sobre outras pessoas. Mente tanto que ele mesmo chega a acreditar no que está vivendo ou falando. Sem precisar ir muito longe, apesar de ser uma pessoa com capacidade para articular e ter competência em comunicação, entre outras coisas, o psicopata se pega mentindo até no seu próprio currículo, inventando dados e tornando tudo uma verdadeira ficção.

Certa vez, numa das empresas onde trabalhei, um candidato me apresentou um currículo recheado de cursos fora do Brasil. Achei estranho, pois o inglês dele era sofrível, pronúncia ruim e parco vocabulário. Não deu outra: verificamos nas escolas, e os cursos nem sequer existiam. Ou seja, era uma verdadeira mentira. Nunca lhe informamos sobre o porquê da não contratação, pois já naquela época percebi se tratar de uma pessoa com características psicopatas. De qualquer forma, cabe ficar atento sempre em relação à veracidade de fatos e afirmações que são colocadas por pessoas com tendência psicopata.

FUGIR DA REALIDADE É PARTE DA SUA VIDA

Essa característica da psicopatia nos faz pensar na esquizofrenia, porque, neste sentido, a pessoa acometida pela doença se mantém fora da realidade. A esquizofrenia é uma doença mental que se manifesta por meio de delírios, alterações do pensamento, alucinações, alterações do afeto etc. No caso do psicopata, às vezes, me parece que há uma ou mais dessas características, pois, enquanto mente e cria histórias, é como se vivesse fora da realidade.

ENCANTO SUPERFICIAL ILUSTRADO COM MANIPULAÇÃO

Manipular as pessoas é algo que o psicopata gosta e faz com maestria, não apenas quando precisa de alguma coisa, mas como um estilo de vida. Com uso de técnica e de talento, as pessoas são manipuladas e tendem a fazer o que o psicopata deseja. Ele sabe usar os olhos: tem olhar firme, mas terno. Começa pedindo coisas simples e vai ampliando o nível de sofisticação dos pedidos. E sempre está disposto a ensinar, se doar, visando que as pessoas sintam dependência e respeito pelo seu conhecimento. Ou seja, à medida que ele se dá, sua vítima se sente compelida a fazer o mesmo logo em seguida. A diferença é que o psicopata não medirá esforços para obter o que for necessário para tirar vantagem e se sobressair. Não há a mínima chance de uma inocente vítima se prevenir contra esse tipo de assédio, pois ele está baseado em um falso respeito.

NÃO É PRECISO MATAR PARA SER PSICOPATA

Talvez a mais clara expressão para se referir a um psicopata envolva saber se ele desrespeita as regras sociais de maneira criminosa.

Não podemos pensar que apenas aquele tipo de psicopata que chega a matar é quem infringe as regras sociais de maneira criminosa. Os psicopatas que nunca mataram são tão perigosos quanto os demais.

São muito insensíveis e provocam grande impacto no nosso cotidiano. Se não pode ficar longe deles, saiba como agir e se proteger. É disso que se trata este livro. Proteção e cuidados para sobreviver durante o convívio com esses seres maléficos.

Um erro comum é achar que o psicopata reflete os personagens *serial killers* do cinema, mas nem sempre é assim. Portanto, lembre-se de que os psicopatas estão em todo lugar, disfarçados de bonzinho e de gente do bem, como quase todas as pessoas. É tão interessante pensar que, no início, eles parecem melhores que todo mundo, cheios de si mesmos, eloquentes e só entram na sua história com sua permissão, para logo estarem destroçando sua vida em pedaços.

Sendo assim, como saber em quem confiar ou com quem dividir problemas do cotidiano profissional? Não há um padrão claro de atitudes que podemos descrever para que caracterizemos uma pessoa como psicopata. Entretanto, várias características podem ser pistas para dobrar sua atenção.

A psicopatia se apresenta no jeito de ser do sujeito, que se esforça para mostrar charme, cultura e conhecimento geral, sempre pronto para explicar o que lhe for perguntado. Vai de A a Z seu nível de instrução, que revela aos poucos para não parecer demasiadamente arrogante. É especialista em seduzir os chefes, realizando o trabalho deles para eles, de maneira a ser visto como uma solução, pois trabalha sem levar o crédito sobre o que faz. Entretanto, este é o jeito que atua no início, como um traficante que começa dando poucas doses de droga de graça para viciar a vítima. Logo a seguir, viciada, a vítima terá que fazer o que for necessário para obter a droga.

Um dos grandes problemas para se identificar a psicopatia dentro do ambiente de trabalho é o fato de ela estar quase sempre ligada a personagens de ficção em livros, filmes e, principalmente, séries de televisão. Tais personagens cometem crimes horrendos e torturam suas vítimas. Na vida real isso é quase raro e, portanto, as pessoas baixam a guarda, não acreditando que a psicopatia possa se manifestar em pessoas aparentemente dóceis, gentis e comuns. De uma maneira geral, durante o século XIX, afirma o doutor Claudinei Biazoli, a psicopatia era sinônimo de transtorno mental. Já no século XX, passou a significar transtornos mais sérios de personalidade, mais persistentes e de longa duração. Tais transtornos passaram a ser caracterizados por padrões inflexíveis de comportamento, pensamento e sentimentos que provocam dor e sofrimento para a própria pessoa e para os outros.

Esse tipo de transtorno é identificado e descrito na Classificação Internacional de Doenças (CID-10), que é publicada pela Organização Mundial de Saúde (OMS), ou seja, é uma doença reconhecida e pesquisada de maneira formal e catalogada no mundo todo. De acordo com a renomada psiquiatra Andrea Kraft, os transtornos de personalidade não são apenas doenças, mas anormalidades da psique que resultam num desequilíbrio do afeto e da emoção. Na psicopatia existe claramente uma falta de emoção positiva e de empatia em relação ao outro, o que pode ajudar na sua identificação. Quando há um exagero na insensibilidade, o indivíduo é chamado de psicopata ou sociopata.

QUESTÕES QUE ENVOLVEM ALTERAÇÕES NEUROLÓGICAS

Não se pode afirmar ao certo de onde vem a doença, pois ela pode ter como fonte aspectos neurológicos, genéticos e/ou traumas psicológicos. As alterações em conjunto fazem com que o psicopata apresente um comportamento cheio de sinais, o que contribui para identificá-lo. Sua loquacidade e encanto superficial fazem com que as pessoas fiquem bem impressionadas, e isso contribui para que se tornem vítimas rapidamente.

A Associação Americana de Psiquiatria é responsável por conceitos interessantes e, desde 1941, apresentou dois subtipos de psicopatas.

Existem os **psicopatas primários**, aqueles que não respondem ao castigo ou à tensão nem se importam com a desaprovação alheia. As palavras, para eles, parecem não ter o mesmo significado que têm para nós. Em adição, não expressam emoção genuína e não têm projeto de vida que envolva o bem alheio.

Já os **psicopatas secundários** são tanto arriscados quanto propensos a reagir diante do estresse e podem vir a sentir culpa. São pessoas aventureiras e ousadas, pouco tradicionais ou comuns. Em geral, estabelecem bem cedo suas próprias regras do jogo na vida. Não suportam a dor e fogem dela sempre que podem. E, se puderem passar a dor para alguém, farão isso, sem dúvida.

Por outro lado, pode existir dentro da empresa um psicopata com comportamento parasita, ou seja, aquele tipo de pessoa que não assume responsabilidade e ainda leva o crédito pelo trabalho dos outros. É um tipo diferente do que foi anteriormente citado, mas tão danoso quanto.

Há um tipo de psicopata que, de forma velada, é intolerante, desrespeitando as diferenças e até praticando bullying ao criar conflitos entre as pessoas. Como não sente remorso e nem se coloca no lugar dos outros, é o tipo de sujeito que faz um ambiente ficar envenenado. Egocêntrico e narcisista, o psicopata se coloca sempre em primeiro lugar, o que faz com que muita gente talentosa tenha dificuldade para crescer dentro das organizações. A doença se manifesta logo cedo na infância, então é difícil chegar à vida adulta sem ter cometido toda sorte de egoísmo e maldade.

Neste capítulo, estamos descrevendo os princípios da psicopatia, não necessariamente tudo que o psicopata pode e é capaz de fazer. Aqui descrevemos a base da doença para que você possa entender o que se passa na cabeça da pessoa e como ela vê o mundo, em especial, o corporativo. A mentira tem foco central na vida de um psicopata, e a maneira como vive dentro da empresa pode ser completamente diferente da que vive lá fora, no seu próprio mundo, vende uma imagem irreal para quem trabalha com ele. Pode ser uma pessoa doce e calma dentro do trabalho e uma pessoa agressiva e intempestiva fora dele. Não há um critério único para analisar o comportamento do psicopata porque ele é errático. Preste atenção no dia a dia, nos detalhes de comportamento, anote discrepâncias do diálogo e faça o cruzamento das informações. Não deixe de escrever o que considerar relevante e inadequado, mais para frente você entenderá por que registrar. O que se passa ao lado de um psicopata é fundamental.

Como o ambiente permite um comportamento camuflado, a psicopatia se apresenta dentro das empresas também como uma violência moral, já que o psicopata quebra inúmeras regras sociais. Em adição, deve-se tomar cuidado com isso, pois provoca grande impacto no dia a dia das pessoas. Ademais, não creio que seja positivo o cinema e a televisão mostrarem detalhadamente a psicopatia através de personagens violentos que, além de infringirem as leis, matam sem escrúpulos.

Entretanto, não é porque um psicopata não mata que ele é inofensivo, pelo contrário. No interior das organizações, a psicopatia se disfarça entre pessoas comuns e, com o passar do tempo, se apresentará como fera predadora. Todo cuidado é pouco. Enquanto pesquisava sobre o assunto, reuni uma grande quantidade de informação sobre os psicopatas mais famosos da história que, por conta da natureza dos seus crimes, podem passar uma ideia equivocada de que psicopatas são sempre matadores ou criminosos perigosos. São sempre perigosos, mas nem sempre matadores.

PSICOPATAS FAMOSOS

Para se ter uma ideia, o doutor Paulo Maciel, estudioso que mantém um blog[1] sobre o assunto, elenca os nomes a seguir como sendo os dos mais famosos da história. Cabe analisar a natureza de cada um. São eles: **Adolf Hitler** (1889-1945, 6 milhões de mortes); **Átila** (rei dos hunos, 406 d.C.-453 d.C.); **Barão Ungern-Sternberg** (1886-1921); **Calígula** (12 d.C.-41 d.C.); **Charles Manson** (1934-); **Condessa Isabel Báthory** (1560-1614); **Dr. Kamuzu Banda** (ditador da Malawi, 1896?-1997); **Gengis Khan** (imperador Mongol, 1162-1227, dezenas de milhões de mortes); **Heinrich Himmler** (comandante da SS, 1900-1945); **Idi Amin Dada** (terceiro presidente de Uganda, 1923-2003, 500 mil mortes); **Justiniano I** (imperador Bizantino, 483 d.C.-565 d.C.); **Mao Tsé-Tung** (1893-1976, 70 milhões de mortes); **Nero** (37 d.C.-68 d.C.); **Nicolae Ceauşescu** (1918-1989); **Papa Doc** (François Duvalier, ditador do Haiti, 1907-1971); **Pol Pot** (Salot Sahr, tirano cambojano, 1925-1998, 32 milhões de mortes); **Joseph Stálin** (1878-1953, 25 milhões de mortes); **Tamerlão** (1336-1405); **Torquemada** (1420-1498);

---

1 Disponível em: <http://drpaulomaciel.com.br/>. Acesso em: 21 set. 2016.

Slobodan Milošević (1941-2006, 230 mil mortes); **Benito Mussolini** (1883-1945, 440 mil mortes); **Hadji Mohamed Suharto** (1921-2008, 750 mil mortes); **Théoneste Bagosora** (1941-, 800 mil mortes); **Saddam Hussein** (1937-2006, 2 milhões de mortes).

O COTIDIANO COM UM PSICOPATA

"Amalia, diga ao CEO que temos de fazer a mudança da matriz, é tudo que precisamos neste momento", disse-me meu chefe certa vez, antes da chegada do homem mais importante de nossa hierarquia mundial. Foi o que fiz na reunião que aconteceu no Brasil, enfatizei a importância da mudança de local da matriz. Foi uma catástrofe, fui execrada, contestada e prejudicada.

Depois do término da reunião, fui informada por um dos meus pares que aquele tinha sido o pior comentário para eu fazer, pois todos sabiam que ele, o CEO, não queria a mudança da matriz e que já havia decidido manter o local atual. Ou seja, fui guiada por meu próprio chefe a enfatizar toda a minha estratégia numa nova localização da matriz. Pior, na própria reunião, meu chefe não me apoiou, dizendo que talvez eu devesse rever minha estratégia. Aquele gesto me prejudicou nas promoções seguintes, e minha imagem ficou arranhada. Como alguém na minha posição não sabia da importância de se manter a localização atual? Foi a pergunta final do CEO para mim.

Esse meu chefe tinha tudo que um psicopata tem: falsa humildade, voz mansa e calma, origem humilde, trajetória meteórica, fácil trânsito nas grandes esferas, articulação esmerada e poder de sedução. Ninguém jamais diria que ele era um ser do mal, um psicopata. Mas logo descobri outras pessoas que ele tinha prejudicado.

CARACTERÍSTICAS E MANIFESTAÇÕES DA DOENÇA

2

A mente é e sempre será uma área de grande foco da medicina psiquiátrica, que luta constantemente para desvendar seus segredos, buscando conhecer as principais doenças mentais para levar qualidade de vida a todos. Algumas doenças se destacam dentre elas, como é o caso da bipolaridade, que pode até se confundir com a psicopatia, dependendo do grau. Portanto, cabe abordar alguns detalhes dessa grave enfermidade da mente.

A bipolaridade, ou transtorno bipolar, é um distúrbio de humor que pode afetar pelo menos uma em cada setenta pessoas, segundo o ph.D. David J. Miklowitz, no livro *Transtorno bipolar*. Esse transtorno é capaz de destruir vidas e famílias inteiras se não for tratado. As pessoas que sofrem desse mal podem correr o risco de apresentar abuso de drogas, álcool e ter graves problemas financeiros. Porém, a parte mais delicada da doença são os momentos de variação da personalidade do indivíduo, que pode estar em depressão ou euforia de uma hora para a outra.

Quando está alegre, pode ter sensação de grandeza, de alta capacidade, de ausência de medo ou respeito pelas regras da sociedade. Para esse sujeito, correr o risco será algo prazeroso. Por não sentir medo de nada, se arrisca, colocando em risco outras pessoas também. Por outro lado, quando está em período de depressão, pode ficar sensível a tudo e até violento, causando problemas na família, no trabalho e na sociedade. No caso do bipolar, depressão não é necessariamente tristeza, pode ser um período de prostração e de negação da sua própria vida. Em situações extremas, quando em período *"high"*, que é o momento de euforia, poderá cometer atos criminosos. Em períodos críticos de depressão, poderá cometer suicídio. O que difere a bipolaridade, entre outras características, da psicopatia é ser uma doença que, apesar de não ter cura, pode ser controlada com medicamentos que, quando prescritos em dose correta, podem dar uma vida plena para quem é bipolar. Cabe enfatizar que o bipolar tem personalidade pautada pelo exagero em tudo que faz, sendo um ser interessante e cheio de ideias, o que pode às vezes ser confundido com parte da psicopatia.

Segundo um estudo chamado "Psychopath: Understand the mind of a Psychopathic Person", a psicopatia tem três dimensões distintas que vale a pena explorar, a título de ampliar conhecimento e assim se proteger das investidas do predador.

A primeira é o **narcisismo patológico**, que se apresenta como um excessivo amor por si mesmo. Caracteriza-se pela perseguição por gratificação imediata e constante, derivada de uma admiração incrível pela pessoa que o psicopata pensa que é. Na visão dele, todos lhe devem respeito, admiração e veneração pelo que ele realiza, o que nem sempre é verdadeiro. Não podemos negar seu brilhantismo em determinadas tarefas ou criação, mas isso não o coloca acima de outras pessoas que, por dedicação e perseverança, atingem resultados semelhantes. Lembro-me de que, no início de minha carreira, ainda bastante jovem, eu acreditava que autoestima era algo que poderia ser confundido com arrogância, pois tinha exemplos de chefes que espelhavam nível social que não tinham. Não raras vezes chegavam com carros e roupas não compatíveis com seus salários, valores que eu tinha acesso. Viagens de alto custo que serviam basicamente para demonstrar poder financeiro e um amor por si mesmos bastante visível.

Sem dúvida, a vaidade estava presente, assim como tudo aquilo que vinha no pacote do narcisista, a necessidade de demonstrar que se via acima das pessoas comuns, que para ele estavam no mundo para servi-los. Uma dessas pessoas chegava a se achar linda e a se proclamar atraente publicamente, colecionando amores, paixões, apesar de ser casada e com filhos. Chegou ao absurdo de manter três mulheres paralelamente, incluindo sua doce e trabalhadora esposa. Todos sabiam de seus casos e, de certa forma, sofriam por não poder fazer nada sobre seu narcisismo e crueldade.

No trabalho, ele oprimia as pessoas fazendo um *follow-up* insano, anotando tudo que cada um tinha de fazer. Inventava tarefas longas e entediantes, para que tivesse a sensação de poder, controle e competência. Não tardou a receber o cartão vermelho após ser desmascarado e ser revelado seu comportamento doentio que manchava a imagem do departamento e, por que não dizer, da empresa. Hoje sei que anda por aí tentando se ajustar à nova realidade de seu desemprego e insucessos. Raridade entre os psicopatas, ele não teve carreira brilhante, mas até hoje pensa que realizou muito, que fez diferença na vida das pessoas. Muitos depoimentos chegaram à alta direção, que acabou por investigar seu caráter e eliminar sua influência no processo de liderança dos colaboradores.

Sua esposa? Sofreu muito, porém o perdoou, pois nem sempre é fácil quebrar um lar, deixando um filho sem o convívio paterno. Enfim, o que quero dizer é que o narcisismo não se trata apenas da vaidade física, mas sim de uma anomalia de caráter que pode levar à destruição de vidas inteiras.

A outra dimensão é o **maquiavelismo**, que se caracteriza pela falta de empatia e uma tendência a não misturar emoção com razão. Segundo

Nicolau Maquiavel (1998), de onde deriva o substantivo maquiavelismo, "os homens têm menos escrúpulos em ofender quem se faz amar do que quem se faz temer, pois o amor é mantido por vínculos de gratidão que se rompem quando deixam de ser necessários". Ainda segundo Maquiavel, se você quiser avaliar a inteligência de um indivíduo que tem poder, basta olhar para as pessoas que ele tem a sua volta. No caso do psicopata, ele tende a ter pessoas mais frágeis e sensíveis para que possa manipulá-las, deixando nelas a sensação de que estão sempre em dívida e que, portanto, devem se submeter às demandas do manipulador. As pessoas que exercem os preceitos maquiavélicos têm nítida tendência a serem psicopatas.

A terceira dimensão trata da agressividade e da manifestação de **hostilidade interpessoal**. Ainda que exista esse comportamento na sociedade, altos níveis dessa característica são uma clara evidência da psicopatia. Um executivo que deixa o funcionário esperando horas para terminar uma conversa que foi iniciada com palavras agressivas e vexatórias é insultuoso. E, se no final da espera for embora, deixando o funcionário esperando sem saber que não será atendido, será algo tão agressivo quanto um soco na cara. Talvez até mais, porque é sutil, maquiavélico, cruel, tirano. Vi isso acontecer nem uma, nem duas vezes, mas inúmeras. Talvez fosse melhor causar a dor de uma só vez e deixar o funcionário lamber suas feridas, tentando fechá-las e seguir adiante.

Esse comportamento não difere daquele no qual o agressor de mulheres bate nelas constantemente e, na sequência, pede desculpas dizendo que nunca mais irá acontecer. A diferença é que o psicopata não pede desculpas, faz de caso pensado e jamais se arrepende. Triste daquele que for vítima de um tirano que faz mal aos poucos.

Ocorre que situações assim não cessam quando se convive com um psicopata. Você pensa que foi só aquela vez, que foi um momento de pressão, talvez de desespero e estresse. Mas não, será uma rotina extenuante e sórdida. Ele verá nisso prazer e passará a aplicar esse método maldoso constantemente. Até que alguém o desmascare. Porque não podemos esquecer que o manipulador quando é forçado a lutar ou o faz por necessidade ou por ambição. Talvez essa seja uma característica humana, mas, no caso do psicopata, é absolutamente exacerbada, pois ele fará qualquer coisa para ganhar. Perder, para ele, está fora de cogitação.

Para o psicopata, há um critério de vida corporativa muito claro: os subordinados ou chefes devem ser adulados ou destruídos, pois podem se vingar. Seja uma vingança leve ou grave. Por isso, o predador sabe até que ponto pode ofender para provocar a vingança.

COMO A DOENÇA SE MANIFESTA: SINAIS DA PSICOPATIA

Nada se dá de repente no que tange a psicopatia, pois desde a infância já existem sinais claros de que a criança é diferente. Mais inteligente aparentemente, extrovertida e bem articulada. Não tem vergonha de se expor, fala bem, possui vocabulário vasto para a idade. Por isso, rapidamente se destaca e recebe a confiança para poder fazer o que bem quer. E isso inclui maldades, perversidades com animais e amiguinhos. Porém, esse é o quadro clássico, podemos ter exceções nas quais a criança é apenas doce, discreta, gentil, com sorriso solto, mas um pouco tímida, sempre na frente dos adultos. Por trás, pode ser maldosa e machucar física e emocionalmente aqueles que não fazem o que ela quer.

Soube de uma criança que jogava no rio os filhotes de sua cadela, recém-nascidos, alegando que não poderia cuidar deles. Ainda que tivesse um bom argumento para se desfazer dos animaizinhos, poderia fazer uma doação, colocar num abrigo de animais, pedir para alguém cuidar. Enfim, uma criança pode ser considerada sempre vítima das circunstâncias, até ingênua, e por isso quase tudo se perdoa. Mas não se engane, muitas crianças têm clara consciência do que fazem, e isso não as exime da responsabilidade.

Outro exemplo é de uma criança com aparência saudável, que costumava pular o muro e invadir a casa alheia, para então colocar sabão dentro do filtro de água de seu vizinho. Se isso não é maldade de caso pensado, então desconheço o desvio de caráter e a tendência psicopata na tenra idade. É necessário parar para refletir como estamos analisando nossas crianças.

Muitas pessoas não sabem como lidar com psicopatas adultos, quanto mais crianças. E a razão é que estes são dissimulados e sabem agir com naturalidade desde pequenos. Aprender a determinar se a pessoa é psicopata ou não é fundamental para saber como conduzir sua vida e evitar ser envolvido nas artimanhas e projetos do predador. Ainda que saibamos que o mundo não está ameaçado pelas pessoas más, e sim por aquelas que permitem a maldade, como dizia Albert Einstein. Reagir e sair na defesa contra um psicopata pode custar caro. Se o fizer, faça com segurança, sem que haja um claro confronto, pois pode lhe custar uma vida inteira de dor.

COMO DIZER SE VOCÊ ESTÁ LIDANDO OU NÃO COM UM PSICOPATA?

Podemos discutir detalhes dos sinais e sintomas que determinam se uma pessoa é ou não psicopata. E até uma criança, por que não dizer.

A **violência** tem uma forte correlação com a psicopatia. No estudo citado neste capítulo, a estatística aponta que 93,3% dos homicídios foram cometidos por psicopatas violentos. Eles reagiram diante de movimentos que pareciam ser ameaças a sua vida. Entendam, *pareciam* ser, não eram completamente verdade. Por exemplo, houve um assalto famoso em São Paulo no qual o assaltante atirou no peito de sua vítima apenas porque ela segurava a bolsa, se negando a lhe entregar. Não havia ameaça concreta, ela não se moveu para pegar algo na bolsa. O que o fez disparar foi o medo de uma reação dela, no sentido de colocar a vida do bandido em risco. Bastou ele pensar que morreria, para atirar sem dó nem piedade. Matou uma inocente que tinha família, deixando um rastro de sangue e dor.

Ainda assim, podemos afirmar que toda maldade tem uma fraqueza por trás. Nesse caso o delinquente disparou por medo, por fraqueza que ficou caracterizada pela violência. Sim, ele era um psicopata que, na sequência, foi preso e afastado do convívio da sociedade.

É interessante analisar que 22,1% dos prisioneiros nos Estados Unidos são psicopatas. Não deve ser diferente no nosso país. Isso significa que a criminalidade está diretamente ligada à psicopatia.

A tendência a ser antissocial é um dos mais comuns sinais para determinar se uma pessoa é psicopata. São impulsivos por natureza e tendem a pensar mais em si mesmos do que em qualquer outra coisa. Ser antissocial significa não ver na sociedade nada além dos seus próprios interesses, que serão melhor preenchidos se puderem usar as pessoas para obter seus desejos. Aliás, desejos esses que nem sempre passam pela razão. Eles podem, por exemplo, querer se tornar um dos melhores CEOs do Brasil ou do mundo, mesmo sabendo que já não têm mais o tempo para percorrer uma carreira para chegar lá. Inúmeras vezes convivi com sonhadores que queriam o topo e arquitetavam pequenas maldades ou vinganças para tirar da frente quem se atrevesse a entrar no seu caminho. O indivíduo tinha ambição maior do que sua capacidade, era gerente de finanças, mas almejava mais, muito além de suas capacidades, embora fosse brilhante. Nem sempre ser brilhante é o suficiente para se chegar ao topo.

Ser antissocial não é ser antirrelacionamento, é ver a sociedade a partir dos seus próprios objetivos e interesses. Certa vez conheci uma executiva herdeira que, por ter conquistado muito, se achava mais humana que os demais profissionais. Gostava de estar em evidência, de falar de maneira politicamente correta, de se passar por humilde desde a infância. Se gabava de ter uma das maiores empresas brasileiras. Em toda oportunidade, confrontava os valores do momento, queria sempre ser aquela que trazia a boa-nova.

Em uma ocasião, durante um almoço com ela, disse-me que sabia de seu valor para a humanidade e que através de suas palestras iria mostrar ao mundo como se faz negócios, como se dirige uma empresa. Não tardou a enfrentar dificuldades e ser acusada de tirania internamente. Sua empresa começou a apresentar resultados ruins, mas ela culpava sempre alguém ou as circunstâncias. Era uma psicopata disfarçada de humilde vencedora.

Muitas vezes, por conta da doença, o psicopata tem baixa capacidade de julgamento, nunca aprendendo com seus erros, nem com experiências negativas. Eles vão se repetindo, cometendo os mesmos erros e machucando quem estiver por perto. Falta de paciência é uma característica dos psicopatas, mas que se contrapõe com a falta de ansiedade, pois estão sempre buscando mostrar uma imagem equilibrada e uma postura branda. Tudo mentira.

O centro do universo é como o psicopata acredita ser e age como tal. Preste atenção: quando você fala com alguém assim, os olhos dele estão parados, pensando no que falará sobre si mesmo, assim que você terminar seu discurso sobre qualquer tema. Trata-se de um pensamento irracional, uma forma de agir, que nem passa pela razão, não tem emoção, o psicopata simplesmente é assim e não tem como mudar.

É simplesmente um egocêntrico focado completamente em si mesmo. Fica claro que não conseguem se comprometer com ninguém, talvez nem amar ou se engajar num relacionamento sério, embora vários sejam casados, tenham família e finjam serem felizes com a estrutura que montaram. Na verdade, usam essa estrutura para seu próprio benefício, sendo companheiros egoístas, interessados em preencher suas necessidades através do amor e confiança alheios. Criam filhos sem prestar atenção neles e em suas necessidades.

Um executivo de nível médio, gerente de um departamento, almejava a posição do diretor, e para tanto não mediu esforços para derrubá-lo, em vez de buscar conquistar uma posição por meio do mérito. Fez uma ligação anônima acusando o chefe atual de corrupção, sem ter a certeza do que dizia, o que levou à demissão do diretor. Assumiu a posição e até hoje ocupa o cargo. Contou isso numa roda de "amigos" se vangloriando por ter tirado uma pessoa que traía a empresa. Ocorre que não assumiu o que fazia, não fez isso de cara limpa, de peito aberto. Falou sem ter certeza, ou seja, falta de caráter tão grande quanto a do diretor se ele tiver mesmo cometido atos de corrupção. Gente que usa o anonimato se iguala à Hitler, que se utilizava desse subterfúgio para conseguir informação.

FRIO E CALCULISTA

Não importa o tipo de ambiente no qual o psicopata conviva, mesmo num local repleto de bem-estar, de bons benefícios, haverá sempre falta de gratidão, ou melhor, ele agirá claramente com ingratidão, tecendo comentários negativos sobre o lugar e as pessoas. As palavras de um psicopata empoeiram o ambiente, causando constrangimento em quem as ouve. E, quando agradece, usa palavras falsas, claramente padronizadas e sem sentimento. Tem dificuldade para agradecer quem o ajuda, pois é pobre de emoção e de capacidade para demonstrar afeto. É frio, sendo dificultoso demonstrar carinho.

Devido à visão grandiosa de si mesmo, acredita que precisa e deve realizar inúmeras ações ao mesmo tempo. O psicopata tem necessidade de estímulo constante, pois fica entediado com facilidade.

Num ambiente hostil, onde ocorrem situações deprimentes e vexatórias, a nossa mente tenderá a apagar a memória, para que soframos menos. Pelo menos, percebo em mim esse fenômeno, pois minha memória avalia e ameniza o que me faz sentir dor. Por isso, a tendência a escrever o que acontece comigo é uma constante, tenho um diário apenas para as questões mais relevantes de minha vida. Por quê? Porque, além de aliviar a tensão, já que passo tudo para o papel, sempre poderei lançar mão de dados detalhados do que me for relevante para o futuro.

Se tiver que conviver com um psicopata, é importante ter em mente que esse tipo de indivíduo não sente culpa, portanto não espere dele um comportamento misericordioso. Culpa não tem espaço em pessoas com tendência psicopata, pois elas têm ausência de consciência de seus sentimentos de perda ou de dor. Na verdade, elas tendem a apreciar a dor alheia.

O perfil dessa doença é caracterizado também por apresentar pessoas com controle limitado de seu comportamento, devido à facilidade que têm em perder o controle. Mostram-se irritados, impacientes e entediados se as coisas não ocorrem como gostariam. Velocidade é o nome do jogo.

Apreciam dizer que as pessoas são lentas e que, portanto, parte dos problemas da empresa ou de seu entorno deriva do fato de as pessoas serem preguiçosas e sem vontade de evoluir. O que ocorre é que vivem num ritmo alucinante que poucas pessoas podem acompanhar.

Vivi, infelizmente, situações nas quais pares meus pressionavam e atacavam todos aqueles que não pactuavam com seu jeito de encaminhar os negócios. E, nesse sentido, encaminhar queria dizer fazer tudo à sua maneira, acelerando cada vez mais os processos para realização de tarefas.

Certa vez um executivo realmente brilhante em sua área de atuação, ligada a relações governamentais, tinha sede de pressionar as pessoas, assustando-as com ameaças de "*no compliance*", ou seja, dizer que todos andavam fora da lei, da ética e da governança corporativa.

Era difícil trabalhar com a faca na garganta, sempre sentindo a pressão de quem queria encontrar algo errado. Aliás, não faltam psicopatas nas áreas em que existe o poder de julgar os demais para definir se estão ou não dentro das leis. Pessoas desse tipo fazem estragos imensos dentro das corporações. Devido à sua característica manipuladora, os psicopatas desse setor tendem a convencer seus superiores de que as pessoas estão pisando fora da lei, fora da faixa de correção em suas ações. Ou seja, essas pessoas serão vítimas das investidas dos psicopatas, que derrubam quem se tornar ameaça, para preservar sua posição de destaque. Como são agradáveis à primeira vista, esse tipo de profissional que tem poder pode ser um dos mais letais psicopatas dentro de uma organização, justamente por estarem protegidos por seus cargos, que estão ligados à "justiça" e à proteção dos interesses corporativos. Tenham cuidado com os psicopatas das áreas corporativas que, por não terem ação sobre as operações em si, estão algumas vezes frustrados por não poderem atuar na linha de frente. É claro que existem exceções, mas este livro não trata delas.

METAS IMPOSSÍVEIS *VERSUS* DETERMINAÇÃO

Embora essa doença tenha manifestações claras quando temos algum entendimento sobre o assunto, podemos nos confundir ao conviver com esses seres cruéis. Eles podem parecer destemidos e determinados, porém, em alguns casos, escondem uma falta de motivação que os levará a traçar objetivos irrealistas de longo prazo. Isso ocorre também porque têm tendência a não se comprometerem com o futuro, pois vivem basicamente para o presente momento. Eu diria até que vivem fora da realidade, num mundo paralelo, sem perceber as reais necessidades da vida. Misturam-se com as pessoas saudáveis e passam a ideia de que estão lutando pelos mesmos ideais, mas não é verdade, eles têm traços que me lembram os esquizofrênicos que vivem fora da realidade. Cabe lembrar as características da esquizofrenia. Segundo o livro *Saúde mental na escola* (2014), organizado pelos doutores Rodrigo Affonseca Bressan e Gustavo M. Estanislau:

"A esquizofrenia é caracterizada por uma série de sintomas, que podem variar bastante entre os pacientes. O mais típico é o indivíduo ter surtos psicóticos, caracterizados pela presença de delírios, alucinações e pela desorganização de comportamento, intercalados com períodos sem sintomas. Uma pessoa com esquizofrenia tem, em média, três surtos psicóticos ao longo da vida, os quais ocorrem com mais frequência nos jovens. Alguns indivíduos nunca se recuperam completamente dos surtos, podendo manter algum grau de delírio e alucinações de modo crônico ou, ainda, apresentar alguns sintomas que chamamos de 'negativos', ou 'deficitários'."

Ainda segundo os doutores Bressan e Estanislau, esses sintomas negativos mais comuns são: a perda de iniciativa para fazer coisas, desinteresse crescente e falta de vontade de estar com outras pessoas, o que leva ao isolamento social, além da diminuição da afetividade.

Este mesmo livro apresenta em detalhes essas características, as quais considero relevante destacar aqui para que não haja confusão sobre o que é a doença quando comparada ao perfil do psicopata.

"O esquizofrênico passa a ter convicção sobre uma coisa que não é real e começa a acreditar nisso de forma obstinada. As alucinações são sensações irreais, sejam elas visuais, auditivas, táteis ou olfativas. Desorganização do pensamento é outro aspecto importante da doença", afirmam os autores Rodrigo Affonseca Bressan, Cecília Cruz Villares e Jorge Cândido de Assis em *Entre a razão e a ilusão* (2013), outro livro sobre o tema.

FALTA DE CAPACIDADE PARA FAZER JULGAMENTO MORAL

Segundo Kant, "a moral, propriamente dita, não é a doutrina que nos ensina como sermos felizes, mas como devemos tornar-nos dignos da felicidade"[1]. Se aplicarmos esse pensamento, veremos que a falta de moral significa que não há crença moral para atuar no cotidiano, levando

---

1 KANT, I. *Kritik der praktischen Vernunft*. 1827, p. 90.

o indivíduo a quebrar regras sem se preocupar com as consequências. Nós sabemos que a moral é a forma que temos em sociedade para não deixar prevalecer apenas nossos próprios interesses. Para Hemingway, por exemplo, moral é o que nos faz sentir bem depois de temos feito algo, e imoral é o que nos faz sentir mal.

PROMISCUIDADE SEXUAL

A doença tem características claras nesse campo da vida. O psicopata é, em geral, promíscuo durante vários períodos de sua vida, colocando em risco muitas pessoas e até sua família. Não o faz para sentir prazer, mas sim para sentir o poder de mexer com a vida alheia. Luxúria que envolve excessos de toda sorte é parte da vida obscura desse tipo de gente.

Não tem noção do perigo de contrair doenças sexualmente transmissíveis e se arrisca com sexo sem proteção com vários parceiros simultaneamente. Alega amar, ter sentimentos, mas nada disso é verdade, simplesmente pelo fato de que são incapazes de se apegar a alguém. No mundo corporativo, tal tipo de comportamento é comum – inúmeros profissionais, homens e mulheres, aproveitam os momentos de viagem, de trânsito entre uma reunião e outra pelo mundo afora, para exercerem seus complexos sistemas de usurpação do poder e, ao mesmo tempo, de desrespeito pelos outros e, por que não dizer, por si mesmos. Esse é um segmento importante para analisar e para que as pessoas se previnam dos ataques dos psicopatas.

Muita gente poderia confundir o psicopata com alguém que tem o Transtorno de Personalidade Borderline (TPB), que é uma doença mental bastante séria e também de difícil diagnóstico, segundo a doutora Evelyn Vinocur, psiquiatra e mestre em neuropsiquiatria pela Universidade Federal Fluminense (UFF). De acordo com ela, as pessoas com esse transtorno mental apresentam impulsividade em excesso e podem exagerar nos jogos de azar, consumo de tabaco e drogas, além de gastarem excessivamente sem ter condições e se engajarem em sexo inseguro, podem ainda dirigir de forma totalmente imprudente.

Em adição, costumam demonstrar comportamento, gestos ou ameaças suicidas. Além disso, por conta de sua personalidade exagerada, não raro apresentam doenças sexualmente transmissíveis, gravidez indesejada, dilapidação do patrimônio, problemas com a lei e acidentes graves. E o pior é que parecem não perceber a seriedade de seus atos, causando dor em quem estiver ao seu lado. Percebo que há pontos de intersecção quando analisamos o comportamento do psicopata e do doente psicótico que tenha Transtorno de Personalidade Borderline. Este tipo de transtorno é de difícil diagnóstico e pode levar anos e anos até ser identificado e tratado.

Ainda assim, embora parecido com o comportamento do psicopata, não pode ser confundido, pois uma característica fundamental é o fato de um querer afeto, e o outro não.

Grandes danos a pessoas e aos negócios podem ser causados durante os surtos psicóticos. Casos como esse não são raros. Um dos motivos para um depoimento anônimo de uma vítima deve-se ao medo de retaliação e perseguição que podem ser sem fim. Um psicopata não se esquece daqueles que o confrontam e só descansa quando se vinga. Alguns deles relatam em grupos de apoio que acordam pela manhã e só pensam em como se vingar dos que são seus "inimigos", verdadeiros ou criados por eles mesmos.

Ainda que a quantidade de psicopatas diagnosticados seja pequena em relação à população, é importante ter mais informação sobre a forma como nasce a doença para tentar entender o que leva um psicopata a agir da forma descrita no depoimento. Dessa maneira, as pessoas poderão ser capazes de lidar com situações como essa que, além de assustadora, é vexatória. Na minha visão, quem vive esse episódio jamais esquecerá e terá sequelas para sempre.

AINDA QUE CRUÉIS, PODEM SER COMPETENTES

É interessante perceber que várias das características de um psicopata podem ser confundidas com competência, ou seja, parece que há uma visão conturbada sobre o assunto. No trabalho, o psicopata, por sua tendência exagerada em tudo que faz, por sua forma intensa de ver o mundo, faz muito mais atividades que as pessoas em geral. É capaz de iniciar vários projetos ao mesmo tempo, dando a impressão de que produz muito, mesmo que em algum momento ele delegue o trabalho pesado ou desista sem concluir.

A revista *Exame* chegou a fazer uma matéria interessante na qual descreve atividades que, supostamente, o psicopata leva vantagem ao executar no ambiente de trabalho.

Na reportagem, o psicólogo americano Kevin Dutton enfatizou que nem todos os psicopatas praticam violência ou são perigosos. Afirma que, em doses controladas, esse estilo de ser pode ser bastante apreciado e até fundamental no ambiente dos negócios. Daí a mistura de ideias quanto a valer a pena ter um psicopata por perto para executar tarefas desafiadoras. Não há provas disso, mas é um fato que temos que considerar.

Em adição, o que corrobora para essa afirmação é o que Kevin Dutton, também pesquisador da Universidade de Oxford, defende. Ele diz que se o gene psicopata sobrevive até hoje, é porque há espaço para ele dentro do ambiente corporativo e, por que não dizer, na sociedade. Para jogar mais lenha na fogueira, Dutton, autor do livro *The Wisdom of Psychopaths*, diz que os psicopatas podem nos ensinar algumas ações para disputar e ganhar uma vaga no mercado de trabalho. Tenho dúvidas quanto a isso, pois ganhar uma vaga é menos importante do que mantê-la, baseando-se em ética e competência. Mas, enfim, existe muita controvérsia no quesito competência do psicopata.

ALGUNS SINAIS DISCRETOS DE QUEM TEM A DOENÇA

Diminuição das horas de sono, mas mantendo a energia, é uma característica de quem está num processo acelerado. Obviamente a pessoa não dirá isso abertamente, porém é preciso ficar atento. Chega cedo e sai tarde do trabalho, atua em várias frentes, está sempre agitada. Mas, claro, nem todas as pessoas que agem assim são psicopatas, até porque uma fala comum no ambiente corporativo é que "dormir é perda de tempo".

Um dia desses ouvi um depoimento de uma profissional da área de recursos humanos que garantia que não contratava quem dizia precisar dormir oito horas e que não tivesse uma grande quantidade de projetos em andamento.

Segundo ela, pessoas que dormem oito horas são lentas e preguiçosas e não serão bons "ativos" para as empresas. Ela demonstrava claramente um sentimento de tempo perdido em relação às horas gastas com sono. Intolerância e impaciência eram parte de sua personalidade.

Outro aspecto relevante é o aumento de desentendimentos ou discussões derivados da irritabilidade do psicopata, que insiste em fazer as coisas do "seu jeito". Esse jeito é sempre desprezando o que as pessoas têm a contribuir, afinal ouvir não é seu forte.

Um psicopata, quando está em seu pleno empenho, pode causar danos maiores às pessoas, pois dirige mais rápido, por exemplo, por causa do aumento da autoconfiança e nível de energia. É cheio de disposição e pode querer fazer mudanças desnecessárias em momentos inoportunos. Adora dizer que lida bem com crises e pressão.

Essa doença séria pode gerar características bem marcantes, pois o psicopata tenderá a mostrar no dia a dia um movimento constante. Faz muitos amigos rapidamente, fala rápido e muito mais do que as pessoas em geral. As pessoas começam a ter dificuldade para entendê-lo, passando a ideia de que são lentas e inapropriadas para suas atividades. É claro que existem diversos perfis de psicopata, mas esse que descrevo representa a maior parte daqueles com quem conheci e convivi durante trinta anos de trabalho. Há aqueles mais calmos, mais retraídos também, mas nesse momento estou descrevendo as características mais visíveis da doença. O psicopata mais dissimulado, tímido, retraído é mais difícil de identificar, mas nem por isso impossível. Ainda sobre o psicopata exagerado, a doença deixa transparecer que é uma pessoa que não consegue ficar parada, sente-se agitado e com energia em excesso. Aquilo que é desassossego começa a tomar forma de novas ideias e planos, fazendo todo mundo ter que se moldar a ele. Não é fácil viver num ambiente assim, liderado por alguém sem freio nas ações e na mente.

Uma outra forma de agir do psicopata é falar mal das pessoas quase o tempo todo, principalmente daquelas que não estão presentes. O objetivo é difamá-las, fazendo com que percam a credibilidade.

O DIA A DIA COM UM PSICOPATA

Para deixar ainda mais claro e exemplificar o que um psicopata é capaz de fazer, vou transcrever o relato de um alto executivo de uma empresa brasileira que viveu uma experiência deplorável.

"O dia de trabalho transcorria em plena e total normalidade. A longa e detalhada reunião com o gerente nacional de vendas nos informava que o mês não traria surpresas... O volume dentro do esperado, o preço médio de acordo com os parâmetros, as despesas conforme o orçamento.

"Só, e no silêncio da minha sala, dava atenção aos e-mails recentes e à lista de telefonemas a retornar. Procurava colocá-los em ordem de prioridade.

"Subitamente, berros, gritos, urros incompreensíveis invadem o corredor das salas dos diretores e se dirigem para a sala do presidente, que é violentamente fechada. Um silêncio profundo se instaura.

"Segundos depois, surge em minha sala a figura doce, gentil, inteligente, competente do presidente, convocando a mim e aos outros diretores para uma reunião fora da agenda, que o controlador que chegava acabara de convocar. Tudo se clareava! 'Em cinco minutos, nos encontraremos na sala de reunião da diretoria', disse o presidente.

"O estrondo, a quebra da rotina, a reunião inesperada, a palidez do presidente começavam a ser decifradas. O inusitado e o inadequado surgiam muitas vezes com a 'visita' do controlador.

"Sentados ao redor da mesas, o presidente e cinco diretores aguardavam pela entrada do controlador. Teatral, ruidosa, 'bufônica' e desestruturada, sua fala nos colocou cientes do ocorrido.

"Ao chegar à portaria da organização e ser recebido por guardas que não o conheciam, foi solicitado ao controlador que se identificasse e aguardasse pelos trâmites normais para sua entrada.

"Tal procedimento o enfureceu. Para ele, 'todos' deveriam reconhecê-lo e, em regozijo, recebê-lo, por ser aquele que a tantos empregava!

"Elevando ainda mais o tom de voz, retirou das calças o cinto, dobrou-o ao meio e, brandindo, nos lecionou: 'Vocês diretores são uns frouxos, é assim que essa gente deve ser tratada!'

"Naquela mesma noite, em um jantar com o presidente, de maneira serena e cordial, acertei minha saída da empresa."

A
PERSONALIDADE
DO PSICOPATA

3

Personalidade, segundo descrevem as doutoras Denise Petresco David e Danielle Soares Bio no livro *Aprendendo a viver com o transtorno bipolar* (2015), "é o conjunto de características psicológicas que determinam os padrões de pensar, sentir e agir, ou seja, a individualidade pessoal e social de alguém". Ainda conforme o mesmo livro, a personalidade é a maneira de viver do indivíduo e de seu modo de estabelecer relações consigo e com os outros. Já o comportamento é um conjunto de reações e atitudes que a pessoa tem dentro da sociedade. Outro aspecto tratado no livro diz respeito ao temperamento da pessoa, que significa os traços psicofisiológicos. A junção e correlação entre esses três aspectos, personalidade, comportamento e temperamento, é o que forma o ser humano. Gosto da frase do escritor José Hugo dos Santos: "Meus sonhos são muitos, minhas atitudes são várias, mas minha personalidade é só uma"[1]. E também a da

---

1 Disponível em: <http://www2.uol.com.br/omossoroense/070104/poesia.htm>. Acesso em: 21 set. 2016.

escritora Cora Coralina: "Procuro suportar todos os dias minha própria personalidade renovada, despencando dentro de mim tudo que é velho e morto"[2]. Enfim, o conceito de personalidade é preciso, porém amplo, gerando sempre opiniões e inspiração para frases e textos.

ATITUDES ESPERADAS NO AMBIENTE DE TRABALHO

Atitude é diferente de comportamento e, nesse sentido, são conceitos utilizados para definir reações de indivíduos e grupos. De forma geral, comportamento é a reação, e atitude é a tendência à reação. O fato de uma pessoa chegar todos os dias pontualmente às 8 horas no trabalho não quer dizer que ela gosta do que faz ou que tal ato seja coerente com a forma que ela pensa. Para que se possa averiguar a atitude e o comportamento de um funcionário no trabalho, é importante identificar os porquês do comportamento. Atitudes e comportamentos se confundem, mas não são sinônimos. Por isso, uma das formas de analisar se uma pessoa tem ou não tendência psicopata é examinar sua atitude e seu comportamento. Na maioria das vezes, o comportamento observado no trabalho não condiz com a realidade da pessoa: ela age de determinada maneira porque é o que se espera dela.

O comportamento de algumas pessoas no trabalho poderá acarretar um ambiente improdutivo, enfraquecendo a disposição dos colegas para produzir. Por isso, um ambiente saudável baseado em ações que minem a hostilidade pode ser uma forma de evitar a proliferação de atitudes psicopatas. Os ambientes devem proporcionar melhor relacionamento com os superiores e dar ênfase às relações humanas no trabalho.

---

2 Disponível em: <http://www.jordanaugusto.com/index.php/en/artigos/sobre-a-natureza-humana/370-de-uma-paz-tao-necessaria>. Acesso em: 21 set. 2016.

Um comportamento que não se espera em um ambiente pode levar à criação de um campo propício para o desenvolvimento das atitudes dos psicopatas. Vários são os comportamentos que não se deve ter no trabalho. Por exemplo, falar apenas coisas negativas, semeando a discórdia, ou jogar uns contra os outros. Ser arrogante, ou o dono da verdade, se destacando como aquele profissional que se acha o máximo e que adora contar vantagem sobre sua própria vida. Pegar algo emprestado e demorar para devolver, ou nem devolver, é uma atitude comum no ambiente de trabalho. Gente pegajosa é também algo desagradável nesse meio; aquelas pessoas que querem beijar, abraçar e serem íntimas forçadamente: não há palavras para descrever como é desagradável. Eu, particularmente, não suporto pessoas que falam enquanto tocam meu braço com as mãos. Meu corpo é um templo sagrado e que não pode ser tocado sem que haja um sentido para isso. Existem ainda os barulhentos, aqueles que falam alto, outros ainda cheiram mal ou porque colocam perfume demais ou porque não cuidam da higiene. Não esqueçamos dos bajuladores, engraçadinhos piadistas, os oportunistas falsos e os carreiristas de plantão. Tudo isso é apenas um pequeno retrato do ambiente onde trabalhamos e, portanto, o que se espera é que esses aspectos sejam visitados por todos nós que temos de conviver em sociedade.

O PERIGOSO PSICOPATA PROFISSIONAL

Não se engane, o psicopata parece ter descoberto que não precisa escolher uma carreira criminosa para conseguir o poder que precisa. Ele pode entrar para uma carreira corporativa em que terá o ambiente propício para cometer todas as suas atrocidades, e dificilmente será pego.

Nesse ambiente corporativo, o psicopata tende a ser promovido rapidamente, pois ele instaura o caos para criar novas agendas pessoais, enquanto os outros estão confusos tentando entender o que ocorre. Ou seja, ele cria uma "cortina de fumaça" para chegar onde quer. São promovidos porque criam confusão!

Recebi o depoimento de um médico psiquiatra que disse o seguinte: "Certa vez eu estava dando uma palestra sobre psicopatas *serial killers*, com foco maior em crimes hediondos. No fim da palestra, uma aluna chegou perto de mim e, de forma discreta, me disse que achava que o chefe dela tinha as mesmas características que eu havia citado durante a exposição. Foi daí que comecei a estudar mais profundamente o ambiente de trabalho e a presença massiva de psicopatas de terno".

Esse mesmo psiquiatra me garantiu que uma característica muito perigosa da personalidade de um psicopata é a habilidade que todos têm de dizer exatamente o que as pessoas querem e precisam ouvir. E não é uma questão de fazer elogios, é dizer a palavra certa na hora certa. Um perigo sem fim este tipo de habilidade, que torna cada um de nós uma vítima em potencial.

Estudo o tema há muitos anos e cada vez que vejo um texto, uma entrevista, ou falo com algum especialista, percebo que há um ponto comum, que é a insistência de que não há cura para essa doença.

Pesquisas nos Estados Unidos mostram que reabilitação de psicopatas corporativos não é recomendável, pois eles podem aprender novas técnicas para manipular as pessoas. Imagine o que uma pessoa com as características citadas nesse depoimento faria se tivesse acesso à técnica de entendimento da mente humana.

PSICOPATIA, BULLYING E MICROGERENCIAMENTO

A personalidade de um psicopata se assemelha, digamos assim, à personalidade daqueles que chamamos em inglês de *bullies*. Um ambiente de trabalho onde predomina o bullying pode ser um local repleto de psicopatas. Eles gravitam nos ambientes e não produzem ou fazem coisa alguma para contribuir com a empresa. Na maior parte do tempo, não têm disposição para ajudar pessoas ou departamentos. Minha visão é a de que o ambiente de trabalho onde há *micromanagement* é um lugar de bullying e psicopatia. Microgerenciamento é o tipo de gestão que impede os profissionais de desempenharem seu pleno potencial, fazendo com que produzam menos, com menor qualidade e sob um clima de pressão e baixa autoestima. Os psicopatas são capazes de ir a um departamento e, de repente, destruírem tudo aquilo que estava estruturado, sempre alegando necessidade de novidade. Gostam de mudanças sem propósito claro ou necessário aparentemente. Como são rápidos, fazem análises e acabam por provar que é necessário um novo jeito de trabalhar, de lidar com os problemas e, nesse mar de alterações, as pessoas se perdem, sofrem, e muitas vezes são demitidas.

A maioria das pessoas quer ter liberdade para fazer o que quiser, mas é diferente da forma livre que vive o psicopata. Trata-se de pessoas que gostam e querem controlar as outras o tempo todo. Por isso não é coincidência que estejam, na sua maioria, em posições de comando, como gerência, diretoria e presidência, dentro das empresas. Porém, psicopatas estão em todos os níveis hierárquicos de uma organização. Nós sabemos que não é necessariamente competência que dá a alguém uma promoção. Mesmo não tendo empatia, como você e eu temos, eles ganham cada vez mais espaço dentro das empresas. Psicopatas não são *"real people"*, pois apreciam fazer as pessoas se sentirem destroçadas por dentro enquanto fazem bullying e *micromanagement*.

Essas pessoas se aproximam de você, fingem ser seus amigos, te usam, te colocam num canto e extraem tudo que podem de você. Depois te destroem aos poucos, minando seu trabalho e tirando sua paz. Outra característica de personalidade é uma falsa amabilidade. Começam a te ajudar a fazer seu trabalho e, de repente, estão controlando o que você faz e te dizendo como agir em detalhes nas suas atividades.

Nosso corpo responde de várias maneiras a ações negativas contra nós. O nível de estresse que enfrentamos quando sofremos bullying desencadeia inúmeras doenças do corpo e da mente.

Não tenho as evidências médicas para confirmar que as doenças da mente se agravam com o fenômeno bullying, mas não ficaria surpresa se algumas doenças autoimunes, doenças da mente, estivessem nesse quesito.

Um certo dia no escritório, uma mulher estava aos prantos dentro do banheiro, disse uma outra em um depoimento. Quando perguntou por que chorava, ela disse que queria morrer e que a vida havia perdido o sentido de ser. Ao que tudo parecia, ela havia tido uma discussão com a chefe, a qual teria dito uma frase que desencadeou o choro: "Como você consegue ser feia e burra ao mesmo tempo e ainda estar viva?" Era uma frase tirada de um contexto psicopata, a chefe estava habituada a usá-la para denegrir os funcionários. A moça chorava enquanto vomitava, desejando não ter que continuar vivendo tanta tristeza. O psicopata tem um grave distúrbio de personalidade, sem remorso. Não é uma fase que vai e volta, é algo da própria pessoa, sem ter cura, sem fim. Portanto, se prevenir aprendendo a lidar com eles é a única solução.

Cabe enfatizar que a personalidade do psicopata tem sintomas que são também apresentados em outras doenças mentais como esquizofrenia, personalidade antissocial, narcisismo entre outras. Por isso existe a dúvida se há diferença entre sociopata e psicopata. Sabemos que o psicopata é capaz de olhar "através" da pessoa mesmo numa conversa trivial pública, numa festa por exemplo. Em geral, parecem saber o que os outros sentem, e por isso são grandes predadores. Pode ser que entendam melhor as pessoas do que elas mesmas – não se preocupam com elas, apenas estudam para poderem usá-las a seu favor.

COMPORTAMENTO CORPORATIVO NOCIVO FAVORECE O PSICOPATA

Nós encontramos psicopatas em todo lugar, na escola, nos restaurantes, na academia, mas é no trabalho que temos de conviver com eles por mais tempo. Daí a importância de entender e ler o ambiente de trabalho, para saber se há estímulos para tal comportamento por parte da cultura da empresa.

Existem *tools*, ou seja, ferramentas para sobreviver em alguns ambientes, por exemplo na bolsa de valores, onde todos precisam se comportar de maneira narcisista, pressionados para buscar resultados, não importando os meios utilizados. A pressão é grande e, portanto, os funcionários de lá se tornam eventuais predadores da sociedade. É claro que existem exceções, mas este livro não trata delas.

Temos uma sociedade sangrando por causa dos psicopatas e de suas ações malévolas. Existe um sistema que estabelece o paradigma do sucesso baseado em estar acima e ser melhor do que os outros. Nem sempre isso é sucesso. Em alguns casos, de certa forma nossa sociedade incentiva o comportamento sociopata. Estimula a concorrência acirrada na busca do sucesso. Cícero disse algo como: "Não devemos temer quem é muito diferente de nós, mas aqueles que se parecem demais conosco", ou seja, o psicopata fará tudo para se identificar com você e fazer com que haja aspectos familiares entre vocês, para daí iniciar sua caça.

Nós julgamos conhecer a personalidade alheia e o modo como uma pessoa pensa ou se comporta. Quando uma característica de sua personalidade começa a incomodar a vida de uma pessoa e suas inter-relações pessoais, pode ser sinal de um problema. A esse tipo de incômodo podemos chamar de transtorno de personalidade, que é quando um traço da personalidade do indivíduo interfere no seu bem-estar, diminuindo a qualidade de vida pessoal e profissional. Cabe aqui analisarmos um pouco o que é o transtorno de personalidade sob o ponto de vista conceitual.

Segundo o livro *Psicopatologia: Uma abordagem integrada* (2016), dos médicos psiquiatras David H. Barlow e V. Mark Durand, uma obra completa sobre transtornos, temos de entender que algumas características de comportamento e pensamento de um indivíduo podem causar sofrimento significativo para si e para os outros. O que acontece quando a pessoa não consegue lidar com esse transtorno? O que ocorre quando a pessoa vive infeliz com sua forma de lidar com o mundo e consigo mesma? Podemos afirmar que ela possui um transtorno de personalidade. Ao contrário de alguns transtornos, o de personalidade não vem e vai embora, é crônico e, portanto, de difícil solução e sem cura. Em geral, tem início na infância e dura a vida toda. Sendo assim, esses transtornos de personalidade podem atrapalhar a vida de uma pessoa e causar muitos danos físicos e emocionais. Se um indivíduo for extremamente desconfiado, o que é um traço do transtorno, vários segmentos de sua vida pessoal e profissional serão afetados, já que haverá um padrão persistente de emoções e comportamento.

PARA COMPREENDER AINDA MAIS A PSICOPATOLOGIA

Imagine que hoje você se levantou da cama, tomou banho, café, foi trabalhar, à noite foi estudar, ou sair com amigos, e voltou para dormir em casa. Tudo transcorreu de maneira natural. Talvez você nunca tenha pensado, mas existem pessoas que não viveram essa mesma rotina, ainda que sejam fisicamente saudáveis. O que elas têm em comum é algum transtorno psicológico, o que as impede de gozar e desfrutar da vida da mesma maneira que você. Essas pessoas têm uma disfunção psicológica que necessariamente causam a elas, ou aos que as rodeiam, sofrimento e/ou prejuízo para a vida. Em geral, também respondem a atividades e perguntas da vida de maneira diferente e pouco comum, ou seja, não fornecem uma resposta típica para a sociedade.

Cabe enfatizar que essa disfunção psicológica se refere a um desequilíbrio no funcionamento psicológico em relação às questões cognitiva, comportamental e emocional. Por exemplo, se você vai ter um encontro com um amigo, espera-se que você tenha alegria e se divirta. Se durante a noite toda você fica com medo do que possa acontecer, de que possa haver assaltos ou risco de morte, suas emoções não estão no lugar, estão desequilibradas. Por outro lado, seria absolutamente normal sentir medo de sair à noite por conta da violência urbana. Essa é a diferença entre ter ou não um distúrbio psicológico. Sendo assim, é muito difícil distinguir o que é normal ou anormal para ser chamado de distúrbio, não é fácil encontrar o equilíbrio das emoções. Ainda assim, ter uma disfunção emocional de vez em quando não é o suficiente para dizer que a pessoa tem um transtorno psicológico. Parece claro que, para ter algum distúrbio emocional, é necessário ter algum tipo de sofrimento envolvido.

Mas é claro que sofrimento, tristeza e angústia fazem parte da vida de todas as pessoas, e não podemos caracterizar isso como um distúrbio. Aqui cabe dizer que o sofrimento tem que ser alguma perda, não pode ser apenas subjetivo. Por exemplo, pessoas serem consideradas tímidas não significa que sejam anormais. No entanto, se a pessoa é tímida a ponto de não conseguir namorar, aí estamos diante de um distúrbio psicológico que merece atenção especial e até tratamento. Finalmente, distúrbios psicológicos são, na maioria das vezes, manifestações extremadas de emoções ou comportamentos.

QUANDO A RESPOSTA NÃO É SOCIALMENTE ADEQUADA

Aqui também temos que detalhar o fato de que nem sempre quando uma pessoa responde de maneira atípica a uma questão social, ela é anormal. Muitas vezes, ela apenas está respondendo com uma reação fora da média, ou seja, diferente da forma como a maioria responderia. Algumas pessoas estão acima da média na excentricidade, mas isso a sociedade tolera e, em alguns casos, considera excêntricos os artistas, cantores e escritores que extrapolam no modo como atuam na sociedade. Um exemplo disso foi quando Lady Gaga desfilou com uma roupa que esguichava sangue, ou quando se exibiu no palco vestida com pedaços de carne. Para a maioria das pessoas isso seria inaceitável, mas para uma celebridade tão em evidência, tal ato foi visto como parte de seu show.

Portanto, o comportamento da Lady Gaga não é considerado anormal ou um distúrbio psicológico. Por outro lado, se você se comportar de maneira a violar as normais sociais, ainda que apoiado por um grupo de pessoas, você poderá ser considerado anormal. Por exemplo, no ocidente se uma pessoa diz estar em transe e acreditar estar possuído, poderá ser considerado anormal. Já no oriente, em várias regiões, isso seria considerado normal. A cultura tem um papel crucial neste aspecto utilitário. Mais uma vez, é difícil definir o que é "normal" e "anormal".

Quando analisamos os tipos de transtorno, encontramos três grandes grupos: transtornos excêntricos ou esquisitos, transtornos dramáticos ou emotivos, e transtornos ansiosos ou medrosos. Vale a pena analisar cada um deles em detalhes, pois os psicopatas podem ter o que é chamado de comorbidade, ou seja, quando há mais de um transtorno misturado com a psicopatia ou sociopatia. Isto é, o psicopata tem transtornos que se mesclam. Analise e aprenda a ler tais mentes disformes.

Grupo A – Transtorno excêntrico ou esquisito, envolve transtorno de personalidade paranoide, esquizoide e esquizotípica.

No **transtorno excêntrico ou esquisito**, existe uma desconfiança persistente por parte do indivíduo de imaginar que todos estão com motivações voltadas a prejudicá-lo. Isso sempre gera um momento de pressão sobre as pessoas que tem o transtorno, que não conseguem construir uma relação de confiança mútua.

No **transtorno de personalidade paranoica,** há o padrão de relacionamentos distanciados, sem que os indivíduos acometidos pelo distúrbio apresentem emoções. Ou seja, trata-se de uma pessoa que não se envolve emocionalmente com nada e com ninguém.

No **transtorno de personalidade esquizotímica**, o padrão é marcado pela ausência de relacionamentos íntimos, sociais e interpessoais. A pessoa apresenta relações frias e distanciadas.

Grupo B – Transtorno dramático ou emotivo.

Neste grupo existem também quatro tipos de transtorno de personalidade, e cabe destacar os detalhes para que você conheça as diferenças e se previna das pessoas com estas enfermidades.

No **transtorno de personalidade antissocial** existe um padrão constante de violação dos direitos dos outros e de desrespeito às regras. No caso do psicopata, nem sempre ele fará isso "à luz do dia", ou seja, muitas vezes será feito de forma dissimulada.

No **transtorno de personalidade borderline**, há instabilidade tanto nos relacionamentos interpessoais quanto dos afetos e de autoimagem. Há também uma impulsividade e uma agressividade imprevisíveis.

No **transtorno de personalidade histriônica**, há uma emocionalidade excessiva e uma necessidade imensa de buscar atenção dos outros. Nesse caso, a pessoa com o transtorno precisa e quer estar sempre em evidência.

No **transtorno de personalidade narcisista**, há um padrão de grandiosidade, falta de empatia, desinteresse pelo outro e necessidade de ser o centro das atenções.

Grupo C – Transtornos ansioso ou medroso.

Neste bloco existe o transtorno da personalidade obsessivo-compulsivo, e o indivíduo que o tem apresenta uma preocupação excessiva com organização, perfeccionismo e controle interpessoal. É o tipo de pessoa que não tem flexibilidade, que não dá abertura para nada ser diferente do seu padrão de comportamento.

No **transtorno de personalidade dependente**, há uma necessidade por parte do indivíduo de ser cuidado de forma excessiva, o que o leva a ser submisso e dependente da relação com os outros. Nesse caso a pessoa precisa se sentir protegida o tempo todo, o que pode torná-la inconveniente.

No **transtorno de personalidade evitativa**, há uma inibição social no sujeito. Existem sentimentos negativos acerca de si mesmo, fazendo com que não haja interesse por parte dele em relacionamentos sociais.

As principais caraterísticas e crenças de cada um desses transtornos podem ser representadas em uma frase, ainda segundo os autores citados neste capítulo. O paranoide diria: "Eu não posso confiar nas pessoas". O esquizotímico afirmaria: "É melhor estar isolado e afastado de todos". Já o esquizoide falaria que "relacionamentos são conturbados e desagradáveis". Enquanto o narcisista mencionaria que: "Uma vez que é especial, merece regras especiais". O borderline diz: "Eu mereço ser punido", enquanto o antissocial afirma ter o direito de quebrar regras. Já o obsessivo-compulsivo defende que: "As pessoas deveriam fazer melhor, se empenhar mais". O dependente diz que precisa das pessoas para sobreviver e ser feliz. Por último, a pessoa evitativa diz que se os outros o conhecessem melhor, como realmente é, eles não o rejeitariam.

Vamos detalhar um pouco mais o transtorno de personalidade antissocial, pois é a que me parece ser mais marcante no psicopata.

Antes de fazê-lo, gostaria de citar alguns critérios definidos por Hervey Cleckley, um psiquiatra americano que passou grande parte de sua vida estudando a personalidade psicopática. Ele estudou dezesseis características principais, ou seja, traços de personalidade. Esses critérios específicos foram chamados de "critérios de Cleckley". Utilizando estes, o doutor Hare, em 1970, desenvolveu uma lista de itens que servem como avaliação e passaram a integrar o que foi chamado de Revised Psychopathy Checklist (PCL-R). São eles:

Superestima de si mesmo, loquacidade e um charme superficial, mentira patológica, manipulação de pessoas, incapacidade de sentir culpa ou remorso, insensibilidade ou empatia pelos outros. Esses critérios de Cleckley/Hare focam primeiramente nos traços de personalidade, por exemplo, ser manipulador ou egocêntrico.

Uma história que se passou no departamento de recursos humanos de uma indústria farmacêutica chega a assustar, no relato feito por um jovem executivo que não quis se identificar. Ele disse que, certa vez, uma diretora que se relacionava intimamente com o gerente de vendas se apaixonou por ele perdidamente. Quando este percebeu o perigo da situação, já que se tratava de uma mulher agressiva e de temperamento tempestuoso, pediu para romper a relação. A surpresa veio quando ela ameaçou demiti-lo por justa causa, alegando que diria que ele roubou a empresa. O rapaz entrou em desespero e contou para alguns amigos da empresa que acabaram deixando vazar a informação, causando um escândalo dentro do ambiente. O choque para a diretoria foi grande, e o rapaz acabou sendo demitido por justa causa, mesmo sem haver prova do que realmente havia acontecido. Ele foi extremamente prejudicado, porém a tal diretora está até hoje na empresa. Esse é o relato de um jovem inteligente que se perdeu ao longo do caminho e se deparou com uma psicopata, ou se perdeu por ter encontrado uma psicopata. A diretora de recursos humanos era uma pessoa normal num primeiro olhar, vivia sorrindo, era noiva e se dizia feliz e apaixonada pelo noivo. Entretanto, segundo o rapaz, nos bastidores ela afirmava que era infeliz e que só ficava com o noivo por pena, por medo de fazê-lo sofrer. Uma situação como essa pede cuidados. O rapaz poderia ter registrado algumas conversas, alguns encontros, como forma de se proteger de um futuro sombrio.

O COTIDIANO COM UM PSICOPATA

Certa vez, tive um subordinado da área de finanças que, na sua forma competente de atuar, jamais deixaria dúvida sobre a veracidade de seus números e análises. Até o dia que tive que contar com um estudo de última hora, e este analista me forneceu dados "inventados", que me levaram a análises e recomendações incorretas. Logo após a reunião sobre orçamento, o analista me disse: "Amalia, houve um erro grave no sistema, todos os números estão calculados com a taxa de dólar errada". Confesso que eu havia percebido algo estranho nos números, tanto que perguntei se era aquilo mesmo. Eram números que comprometiam o bônus de final de ano, ou seja, jamais conseguiríamos atingir aqueles valores. O dano já estava feito. Mais tarde, no mesmo dia, ele voltou a minha sala e contou que havia um erro grave no orçamento. Fiquei com a sensação de traição, mas também de incompetência da minha parte por não ter *double checked* a informação. Como saber, como ter certeza de que se tratava de um golpe, de psicopatia? Mais adiante, ao longo de anos de convivência, não tive dúvida alguma que se tratava de um homem doente, cheio de rancor e raiva de tudo e de todos. Via sempre o lado horrível de qualquer situação ou pessoa. Blasfemava, difamava, agredia, fazia bullying e, ainda assim, não se sabe como, sobrevivia há mais de quinze anos dentro da empresa. Era, como se diz, um rato de corporação.

A área financeira, quando povoada ou liderada por um psicopata, pode ser destrutiva em pouco tempo ou ainda criar ambiente para a corrupção, como temos visto em tantos segmentos de mercado.

PARTE B

IDENTIFIQUE E ANALISE O PSICOPATA – O MEIO DA JORNADA

PARA O PSICOPATA, MORAL E ÉTICA NÃO EXISTEM E, PORTANTO, REGRAS SÃO IGNORADAS: SOMENTE SEUS OBJETIVOS SÃO RELEVANTES

COMO AGE E REAGE ALGUÉM QUE NÃO SENTE CULPA, MEDO OU COMPAIXÃO

4

Ter compaixão é entender os outros se colocando no lugar deles, principalmente quando há uma dor ou um problema. Não é ter dó: trata-se de algo que se sente pelo semelhante, por entender seus sentimentos e se compadecer deles. Motivados pela compaixão, respeitando os valores e direitos dos outros, somos compelidos a ajudar quem está a nossa volta. A compaixão é um genuíno desejo de ver os outros aliviados de seu sofrimento; é o que nos torna capazes de ver no outro a nós mesmos. Esse sentimento é exatamente o que um psicopata não tem e não sente. Como dizem alguns textos judaicos anônimos, "onde não há compaixão, os crimes multiplicam-se". Já a culpa é algo que se impõe por uma conduta que cria determinada reação ruim para outrem. É também quando se tem um sentimento de pressão interna como consequência de algo ruim que acontece com as pessoas. Por exemplo, se uma celebridade do cinema se suicida, sua família poderá colocar a culpa nos fãs que a pressionaram, ou, ainda, aquele homem que teve de abandonar o país de origem por "culpa" da perseguição política. Nossa tendência é culpar os outros por aquilo de ruim que nos acontece e que está fora do nosso controle. Mas aqui quero falar sobre a culpa que sentimos quando infligimos algo a alguém e, por causa disso, a pessoa sofre.

A culpa é uma prova clara de que sentimos algo por alguém, que compreendemos a dor do outro, que sabemos que causamos algo ruim para a pessoa. Às vezes sentimos culpa mesmo que a pessoa não saiba que fomos nós que fizemos aquilo. Ainda assim, por causa de um sentimento de respeito ao outro, por nos colocarmos nos "sapatos" do outro, sentimos culpa. No âmbito da lei e do direito, a culpa se refere a direitos civil ou penal, que deriva de algo que foi feito a alguém. Ou seja, a culpa implica em um ato descuidado e imprudente, portanto danoso. Para a psicologia, a culpa é uma omissão ou ação que cria a percepção e sentimento de responsabilidade pelas consequências e pelos danos provocados.

A culpa poderá sempre ser uma forma de crescermos e nos desenvolvermos pessoalmente, já que nos causa reflexão sobre os atos cometidos. É uma parte da vida que nos ajuda a aprender com as experiências que causam dor a nós e aos outros. Quando a culpa é excessiva, pode causar distúrbios em quem sente e levar a uma atitude autodestrutiva. Portanto, culpa é o sentimento que temos quando acreditamos ter feito algo ruim, que não deveríamos ter feito e que, portanto, é reprovável aos olhos dos outros ou a nós mesmos. A culpa nos corrói por dentro: não há necessidade de ninguém nos cobrar esse sentimento. Muitas vezes fazemos coisas ruins que só nós mesmos temos ciência e, mesmo assim, a culpa nos acomete de tal forma que destrói pedaços de nossa vida, pelo simples fato de que nos paralisa, nos impede de ir adiante. A nossa mente fica "mastigando" os pensamentos de culpa, revendo as escolhas que fizemos e nos fazendo pensar no que poderia ter sido feito para evitar, ou ainda para corrigir ações ou omissões. A culpa pode ser algo saudável que nos ajuda a corrigir a rota de nossa vida, porém, quando em excesso, e com muita frequência, pode ser destrutiva.

Já o remorso está mais próximo do arrependimento. Esses são sentimentos que nos assolam quando reconhecemos o mal que fizemos e gostaríamos de não ter feito. Honoré de Balzac conceitua de forma poética a diferença entre um e outro: "O remorso é uma impotência, ele voltará a cometer o mesmo pecado. Apenas o arrependimento é uma força que põe termo a tudo"[1]. Ou seja, podemos sentir remorso por algo, mas sem o arrependimento poderemos voltar a cometer os mesmos erros, delitos ou maldades. Há ainda autores que dizem que o remorso é a dor da alma. Nesse sentido, Jorge Luis Borges afirma que "enquanto dura o remorso, dura a culpa"[2].

Tudo isso para dizer que o psicopata não sente culpa, nem remorso e, portanto, não se arrepende. De nada. E conviver com alguém que não tem nenhum desses sentimentos é prejudicial para nós.

Um ser sem compaixão, culpa, remorso ou arrependimento pode simplesmente viver sua vida sem medir consequências dos seus atos. Para que tudo dê certo para ele, usará armas que destruam facilmente o bem-estar e a autoestima das pessoas.

---

1 BALZAC, H. *Séraphita*. Publicado por H. Souverain. 1840, p. 8.
2 Disponível em: <http://pastorclaudiosampaio.blogspot.com.br/2013/11/lenda-aprendendo-perdo-ar-com-jorge-luiz.html>. Acesso em: 21 set. 2016.

VENCER A QUALQUER CUSTO

Dentro de um escritório, numa empresa pequena ou grande, sempre existe competição e, portanto, um ambiente repleto de oportunidades para que haja a injustiça praticada pelos psicopatas. Chegar pela manhã em uma empresa para trabalhar, sabendo que se deve analisar tudo que se fala ou se faz, é muito cansativo. É sempre uma perda de tempo ter que convencer as pessoas de que suas intenções são boas e de que você está ali basicamente para trabalhar, para contribuir e crescer com a empresa.

Existem pessoas que, por conta de suas características de personalidade, conseguem sobreviver anos dentro das organizações, mesmo não sendo competentes. Trata-se dos grandes ratos de corporação, que vivem nos esgotos escondidos, bajulando quem tem poder e atuando de maneira medíocre. São difíceis de serem descobertos, porque estão bem cedo na empresa e saem extremamente tarde. No fundo, não fazem nada de valor, são rotineiros, pessoas que estão lá para fazer a máquina funcionar, mas na realidade não agregam nada de grande valor. Ficam à espreita de uma boa fofoca, algo que possam utilizar para continuarem sua saga de sobrevivência baseada em comer as carniças que sobram das mortes de funcionários que são oprimidos diariamente. O cenário é traumático, e não dá para julgar se estão certos ou não, pois, de outra forma, não sobreviveriam na organização. São flexíveis, curvam-se a tudo e a todos, não ameaçam ninguém, não assustam, fazem tudo que mandarem. São seres perigosos, pois são a maioria.

Uma pessoa que não sente culpa, quando confrontada, pode reagir de maneira surpreendente, ou seja, pode dizer claramente que não havia percebido o que fez. Ao mesmo tempo pode ser que, de maneira falsa, comece a demonstrar um sentimento de pseudotristeza que levará a vítima a sentir que cometeu uma injustiça. De qualquer forma, alguém que não percebe a dor do outro sempre estará passos adiante no que se refere a buscar vantagens para si mesmo. Num escritório, ou em qualquer tipo de empresa, existem situações que podem levar as pessoas a agirem de maneira ríspida, a falar o que não deveriam. Nem sempre é com a intenção de machucar. No caso de um psicopata, alguém sem escrúpulos ou sentimentos de misericórdia, ele pode medir as palavras para não ficar explícito o que quer dizer. Entretanto, a vítima saberá que está sendo agredida.

Certa vez, numa empresa brasileira de grande porte, porém com um ambiente extremamente familiar, houve a contratação de um executivo que vinha de uma multinacional.

Seu jeito de ser dentro da organização deixava claro que desprezava a cultura da empresa. Ao mesmo tempo era orgulhoso por ter trabalhado numa multinacional e fazia pouco daqueles que não conheciam a cultura americana. Numa tarde de pressão para resultados, em uma reunião com fornecedores, ele abraçou uma das gerentes, apontando para a sala de espera. "Veja lá, aquela mulher", disse ele, "foi secretária, você pode imaginar isso?". Ocorre que a mesma gerente que ele abraçava havia sido secretária também e percebeu que o comentário fora preconceituoso. O objetivo dele era denegrir a imagem da gerente deixando parecer que quem foi secretária teria menos valor no mercado de trabalho ou algo assim. A gerente se sentiu oprimida, claramente pressionada pela falta de tato desse tal gerente.

BULLYING NAS EMPRESAS

O bullying também se trata de uma agressão derivada de pessoas com debilidades psicológicas, ou seja, transtornos de alguma forma. Tomemos como base o bullying escolar, sobre o qual o debate é amplo e detalhado dentro das entidades de ensino. O assunto é conhecido dos pais e professores e, de certa forma, já faz parte das tentativas acadêmicas de buscar a solução. Pais e professores já estão conscientizados e atentos ao menor sinal de agressão física, verbal ou psicológica contra crianças e adolescentes. Entretanto, o bullying dentro das organizações é algo menos comentado e estudado, porém não é diferente do que acontece nas escolas. Não se trata de brincadeiras que não têm graça, elaboradas aleatoriamente, mas de comportamentos abusivos que, de alguma forma, destroem a capacidade do indivíduo de trabalhar de forma produtiva. A motivação para o bullying de adultos pode variar de pessoa para pessoa. Motivos como ciúmes, infantilidade, falta de maturidade, ou ainda (e principalmente) por atitudes de raiva. A pessoa que comete o bullying não está preocupada com o que pode causar na autoestima dos outros, o que ela deseja é ganhar a qualquer preço, quer seja uma discussão ou uma opinião dentro de qualquer contexto. Pessoas que causam bullying precisam de tratamento psiquiátrico – não nos enganemos, não se tratam apenas de brincadeiras, afinal essas atitudes de mau gosto podem acarretar ações irreparáveis. Em alguns casos, até ações criminosas. Alguns casos ficaram famosos, por exemplo, quando meninas adolescentes tiveram seus nomes divulgados na internet acompanhados de fotos de nudez implantadas por ex-namorados ciumentos que não suportaram a separação, ou apenas um "não" como resposta às suas necessidades ou solicitações. As imagens invadiram o meio virtual e chegaram aos olhos de toda sorte de pessoas, principalmente dos amigos da escola. Após esse tipo de acontecimento e desgraça, as meninas não conseguem superar a dor e se isolam, algumas inclusive chegam a cometer suicídio por não suportar a vergonha e a situação vexatória. Outras situações se referem às pessoas que estão acima ou abaixo do peso, altas ou baixas demais, brancas, negras, amarelas, não há mais um estereótipo para sofrer o bullying. Dentro das organizações não chega a ser tão explícito, mas nem por isso menos danoso para quem é a vítima. Fofocas, maledicência e deboches são atos feitos na frente ou nas costas das vítimas que sofrem quando são o alvo escolhido pelos psicopatas. Sim, porque são os psicopatas que atuam de maneira clara ou às escondidas, tornando o bullying ação corriqueira. Em algumas empresas existem mecanismos para barrar no nascedouro esse tipo de comportamento, com pesquisas anônimas sendo feitas ou ainda avaliações 360°. Essas ações podem reduzir em muito a atitude voltada a destruir a imagem das pessoas por meio do bullying. A avaliação 360° é aquela que visa receber o feedback de todas as pessoas que interagem com um funcionário, chefe, subordinados e pares. É difícil o bullying passar desapercebido dessa maneira. Ainda assim, o bullying, quando feito por alguém que já está acostumado a se safar por causa de sua capacidade de dissimulação, pode levar tempo para ser descoberto. Trabalhar dentro de uma organização é desgastante diariamente, pois se perde muito tempo sobrevivendo, e um tempo efetivamente desproporcional contribuindo para os resultados da organização.

Há quem diga que o agressor, aquele que faz bullying, tenha sofrido traumas semelhantes quando na infância ou mesmo na vida adulta. Alguns dizem que não percebem quando cometem ações que denigrem as pessoas. Outros agem de maneira deliberada. Muita gente tem uma visão distorcida de si mesma e acaba por causar dor e tristeza nas pessoas. Não estamos aqui falando apenas de quem é efetivamente psicopata, mas também daquelas pessoas narcisistas que se acham fantásticas e que, portanto, pensam que têm o direito de diminuir as demais.

Em algum momento da história das corporações, foi dito que ser um indivíduo espontâneo, alegre, rápido e cheio de energia era o padrão que se queria para ter sucesso. Tudo foi levado ao extremo, e hoje está difícil admitir que o limite foi ultrapassado e que há muita tristeza e hostilidade dentro das organizações. Embora pensemos que isso não tenha nada a ver com desempenho, não podemos negar que a perda da autoestima prejudica os resultados da empresa.

COACHING E BULLYING

Várias empresas de grande ou pequeno porte chegam a detectar os executivos que cometem bullying, que agridem moralmente seus funcionários, porém isso leva tempo. Em muitos casos, esses profissionais são levados a procurar, pagos pela empresa, *coaching* para que façam um acompanhamento que pode ser chamado de disciplinar. O objetivo desse treinamento ou, ainda, acompanhamento é mudar o comportamento por meio do entendimento de que é necessário que haja mudança. Acontece que, em alguns casos, não há solução para o problema porque o executivo não irá mudar o comportamento e pior, irá aprender como deve se comportar para parecer que houve uma evolução. Isso é prejudicial à empresa e até para a imagem do profissional em questão. Ou seja, quando esse executivo é levado a esse treinamento, todos os subordinados e pares passarão a vê-lo como alguém que tem deficiências no trato com as pessoas e, portanto, não está capacitado para gerir os negócios e lidar com pessoas. Se for uma pessoa que apenas precisa de *guidance* para tomar as rédeas de sua vida, um *coach* pode ser uma ótima solução. Porém, se for um psicopata, o tiro sairá pela culatra. Ele voltará fortalecido por ter aprendido o que tem de mudar para nunca mais ser interrompido na sua forma de atuar ou se comportar no dia a dia de sua gestão.

É importante também ressaltar que há executivos, profissionais sérios, que de tempos em tempos precisam de ajuda, de *coaching*, para passar ao próximo nível de suas atribuições. E isso nada tem a ver com bullying ou necessidades de mudança de comportamento. *Coaching* é uma ferramenta que muitas vezes é necessária para o amadurecimento profissional de determinados executivos. Quanto mais alto na carreira profissional, mais necessário se faz entender seu próprio comportamento e o dos demais. Por isso, não se pode ter preconceito quando se fala que um CEO, por exemplo, inicia um trabalho sério de *coaching* dentro da organização.

Aliás, seria tão oportuno, tão importante que cada líder da organização pudesse ter um tempo para si mesmo, ajudado por um *coach* para buscar equilíbrio no seu dia a dia organizacional. Mas o ambiente corporativo pode ser preconceituoso, basta dizer que alguém precisa de *coaching* para que seja taxado de debilitado por pares e principalmente subordinados. Quem trabalhou em grandes corporações entende essa realidade.

É importante salientar que existem profissionais competentes nas organizações que precisam de auxílio psicológico. Que ocupam posições de comando, de liderança ou, ainda, que podem tomar decisões que mudarão o curso do dia a dia e que estão doentes, psicologicamente falando. As pessoas que fazem ou fizeram tratamento que percebem quando outras precisariam fazer também. Por isso, os canais de comunicação com a área de recursos humanos, e com a ouvidoria, são necessários e cada vez mais presentes para buscar uma solução que possa ajudar a todos.

O cotidiano de uma organização pode ser obscuro, pouco se consegue ver a respeito das pessoas. O foco são os negócios, mas o que ocorre é que os resultados dependem das pessoas e muitas delas estão doentes. Como combater esse problema? Como detectar quem tem problema mental, psicológico e de comportamento? Como uma empresa pode ter melhores resultados reconhecendo pessoas, que causam mal a todos? Ou, ainda, como solucionar problemas graves de comportamento de chefes ou até subordinados que causam dor a tanta gente?

Perguntas como essas permanecem sem resposta. Infelizmente. Não apenas por falta de conhecimento, mas principalmente por falta de atenção de quem dirige as empresas numa instância superior. Não adianta apenas algumas pessoas levantarem o problema: é necessário que as empresas tenham uma política efetiva para detectar o que ocorre de fato dentro de seus bastidores. Uma empresa não é o seu site, no qual tudo parece maravilhoso. Uma empresa é, única e exclusivamente, as pessoas que vivem dentro dela. O restante é consequência.

PREVENÇÃO AO BULLYING

Hoje em dia existe um padrão de comportamento e ética dentro das empresas que dita algumas regras claras contra o bullying. O aspecto fundamental que se deve observar é o valor do poder, ou seja, é muito difícil alguém não ter uma posição clara sobre o significado do poder. Quem tem poder não quer perdê-lo e faz qualquer coisa para mantê-lo. Quem não tem poder tende a diminuir o valor dos que têm e assumir uma postura de vítima das circunstâncias. É uma situação que não tem como ser positiva. As empresas adoecem e dificilmente conseguirão resolver isso num curto espaço de tempo.

Principalmente quando há uma grande crise como a que assolou os anos de 2015 e 2016. Não somente porque há uma pressão por resultados e desemprego na casa dos dois dígitos, mas principalmente porque as pessoas têm medo do amanhã e perderam a esperança em dias melhores. Ainda assim, quando alguns funcionários percebem que há espaço para se manifestarem contra esse tipo de ambiente, quando haverá guarida por parte das áreas de recursos humanos, eles tendem a denunciar e aguardar algum tipo de procedimento para reduzir esse tipo de comportamento danoso.

É importante saber se você sofre bullying ou não dentro da sua empresa, para que possa tomar atitudes contra ele. Algumas características indicam claramente esse tipo de cenário. Fique atento se você está sofrendo esse tipo de situação: transferência para salas ou locais isolados da equipe, se está tendo avaliações injustas e frequentes com resultados abaixo da média, se está sendo perseguido ou excluído das comunicações da empresa, se está pedindo retorno sobre seu trabalho e não obtém resposta, entre outras questões. Se esse tipo de coisa acontece com você, pode ter certeza de que algo não vai bem e que você está sofrendo bullying. Até porque quando algo não vai bem em relação a nossa performance, a primeira coisa que um chefe deve fazer é falar com você e verificar o que pode ser feito para corrigir a rota de seu desempenho.

O ambiente de uma organização é difícil, e ser objeto desse tipo de perseguição é caminho certo para a desilusão, frustração, desespero e fracasso. Muitas pessoas que falham dentro de uma corporação são demitidas ou pedem demissão justamente por questões como essa e não por algo derivado do baixo desempenho. Difícil entender como assuntos como esse não são temas de pauta de reuniões de diretoria de forma contínua e frequente.

Como age um psicopata, já que não sente culpa, medo ou compaixão, deveria ser o tema de várias reuniões dentro das organizações. Porém, a realidade é que não se tem interesse em abordar o tema, pois seria expor situações delicadas e sensíveis dentro da empresa. Muito nos surpreende o quanto desses assuntos são proibidos dentro dos departamentos onde os psicopatas atuam de maneira livre, sem que ninguém tome providências para a solução dos problemas de bullying e agressão contra as pessoas.

Mas, claro, é importante ter em mente que há formas de se prevenir contra o bullying dentro das empresas, e isso deve ser analisado. Procure informações sobre a empresa que está pensando em trabalhar. Antes de se comprometer, analise se houve casos de bullying e como trataram o assunto. Não tenha medo de perguntar ao entrevistador se houve algum episódio e quais foram as ações tomadas pela empresa.

Uma vez dentro da empresa, trate todos com respeito para que não haja nenhum motivo contra você. Não faça brincadeiras que possam ser mal interpretadas. Quanto a seu chefe, deixe claro de forma polida quais são seus limites para a execução de tarefas e também para o tipo de brincadeira que você irá tolerar. Isso pode prevenir eventuais abusos. Evite ter visões preconceituosas para que não haja retaliação por parte dos colegas de trabalho. Você pode ter sua opinião a respeito das coisas, mas procure não ser polêmico. E, se puder, também é sempre melhor manter suas opiniões sem parecer algo pessoal e, ao mesmo tempo, não tomar para si toda e qualquer crítica quando se refere ao que você pensa. Óbvio, se for algo preconceituoso ou desrespeitoso, você poderá e deverá se manifestar contrário. Afinal, consentir que sejam feitos comentários, por exemplo, racistas é assinar embaixo aprovando o episódio. Porém, todo cuidado é pouco quando se trata de se manifestar dentro do trabalho. O objetivo é não criar polêmica provocando reações ruins e adversas vindas de colegas de trabalho e até de seu chefe. Portanto, não apoie e nem dê guarida a atos de assédio moral na empresa para que você não seja visto como coautor do ato. Já se você é chefe, procure promover palestras de conscientização, programas voltados a expandir o conhecimento sobre bullying, com o objetivo de evitar um clima hostil e nocivo dentro da empresa.

O MEDO DENTRO DAS ORGANIZAÇÕES – UM GRANDE VILÃO

Esse sentimento se tornou uma epidemia dentro das empresas e tem tornado o ambiente cada vez menos produtivo. As pessoas, sentindo medo, tendem a evitar falar de assuntos que contrariem as lideranças e, portanto, evitam correr riscos ou mesmo trabalhar de forma livre buscando inovação. Uma pesquisa realizada pela Harvard Business School, descrita numa matéria do jornal *O Globo* de 2014, constatou que o medo de sofrer retaliações é o grande bicho-papão da produtividade empresarial. Essa pesquisa revelou que o medo e a preocupação geram insatisfação e reduzem o rendimento dos profissionais destruindo a criatividade. Em adição, diminui o interesse em manter uma boa comunicação, prejudicando o bom andamento dos projetos.

Ainda que num primeiro momento a cultura do medo possa fazer com que os funcionários trabalhem mais, com o passar do tempo eles irão procurar outras organizações. A retenção de talentos é um problema dentro de empresas que estimulam ambientes competitivos, hostis e focados no medo. O trabalho detalhado pode ser visto neste link: http://oglobo.globo.com/economia/emprego/medo-bicho-papao-da-produtividade-nas-empresas-13729388#ixzz40obNrJyR[3].

Algumas estratégias para evitar o ambiente do medo nas organizações incluem buscar sempre a verdade e ter um canal para feedback que seja capaz de medir o sistema e não o comportamento das pessoas. De acordo com o professor Jeffrey Pfeffer da Universidade de Stanford, existem vários medos dentro das organizações, e o principal deles é o de perder o emprego. Já era de se esperar esse resultado nas pesquisas. Por outro lado, o medo dos líderes é um dos fatores que leva a empresa à estagnação e à falta de ações para se buscar riscos e enfrentar as crises. O professor afirma ainda que o medo causa o individualismo e uma visão de curto prazo. Sendo assim, estimular as pessoas a serem transparentes na comunicação é uma das estratégias para reduzir o medo. Podemos dar aos funcionários novas chances de consertar um erro, admitindo, inclusive, que os líderes são falíveis. Outro aspecto fundamental é não reprimir as pessoas por tentarem coisas novas.

Os funcionários se sentem amarrados, e os empresários com medo de perder suas empresas. Já os executivos se apavoram com a possibilidade de não atingir suas metas. O bloqueio da criatividade gera também uma gestão fragmentada que não vê formas diferentes de se executar as mesmas estratégias. O medo produz raiva, culpa, ressentimento e ainda uma sensação de que nada tem sido feito. Numa entrevista na revista *Exame*, o escritor Roberto Shinyashiki afirma que os funcionários estão com medo de serem punidos permanentemente. Ele enfatiza ainda que quando o medo predomina na organização, os funcionários passam a colocar energia para fazer o outro assumir os erros.

Imagine que o psicopata não vê medo em nada do que acabamos de analisar, ou seja, para ele o medo não é parte de seus sentimentos. Não tendo medo das consequências e não vivendo em constante atenção, ele

---

3   Acesso em: 29 ago. 2016.

passa a ser um ser livre de pressões, o que pode ser um grave risco para o bem-estar dos funcionários em geral. Isso ocorre porque o psicopata irá agir da maneira como considerar adequado, sem se preocupar em perder emprego ou ter que enfrentar chefes ou regras que a maioria tem que obedecer. Se não sente medo nem culpa, passa a ser uma pessoa sem nenhuma preocupação com os outros.

O COTIDIANO COM UM PSICOPATA

Eu me lembro de quando, numa empresa na qual eu estava para conhecer meu novo chefe, após um longo período para sua contratação, treinamento e divulgação na imprensa, chegou perto de mim um colega que já havia trabalhado com ele em outra empresa e disse o seguinte: "Amalia, você vai ter que tomar muito cuidado com o fulano, ele é cruel, gosta de ver as pessoas sofrerem, é abusivo, não tem empatia e nem sente remorso quando machuca alguém, faz bullying o tempo todo, só sabe fazer política e *networking*. Em resumo, ele é do mal, um ser horroroso".

Eu entrei em pânico, honestamente. Fiquei imaginando um ser com rosto assustador e comportamento desequilibrado, alguém para se temer o tempo todo. Naquela noite não dormi – e confesso que nas próximas noites durante alguns anos também não dormi bem.

O que me surpreendeu foi quando de fato conheci o tal chefe: era um homem acima da média em elegância, cheio de charme, jovem e falante, diria até galanteador. Falava bem em público, se vestia na moda, falava pelo menos quatro idiomas fluentemente, tinha família, era sócio de clubes, entre outras provas de sucesso em nossa sociedade. Se você o visse e falasse com ele durante quinze minutos, pensaria *"this is my next best friend"*.

Mas eu me pegaria reconhecendo que meu colega estava certo. Nos próximos dois anos, vi minha vida se tornar um inferno, ali naquela empresa, naquele departamento, naquela cadeira, vi e senti o que é a dor de ser liderada por um psicopata.

Estudei muito sobre o assunto e admito que soube levar a situação até que muito bem, pois a própria empresa, muito competentemente, descobriu que havia contratado um psicopata e tratou de eliminá-lo de seu quadro de funcionários. Minhas sequelas jamais sararam, mas minha alma se tornou mais fortalecida para enfrentar os novos psicopatas que vieram depois dele. Consegui o feito de não deixar que destruísse minha autoconfiança.

Cabe enfatizar que a empresa só descobriu esse psicopata após contratar um "investigador" de fora para poder averiguar que tipo de ambiente tínhamos dentro da empresa e qual o estilo de gestão era implantado por lá. Perceberam que estava instalado um ambiente de bullying que estimulava competição excessiva − e que virava um lugar propício para o deleite do psicopata que, nesse caso, era meu chefe. Creio que, se ele estiver lendo este livro, irá se identificar!

APRENDA A LIDAR COM UMA PESSOA QUE SÓ PENSA EM SI MESMA E EM SEUS INTERESSES

5

"Egoísmo não é viver à nossa maneira, mas desejar que os outros vivam como nós queremos"[1], diz, de maneira interessante, Oscar Wilde, escritor e poeta americano. Sendo assim, se formos conceituar, dizemos que o egoísmo é a forma de se comportar que leva a pessoa a querer total exclusividade sobre o que pensa e sente em detrimento dos demais. É um sentimento

---

1 Disponível em: <http://www.citador.pt/frases/egoismo-nao-e-viver-a-nossa-maneira-mas-desejar-oscar-fingall-oflahertie-wills-wilde-8347>. Acesso em: 21 set. 2016.

que cria ciúmes, que quando em excesso, se transforma em paranoia. O contrário, o oposto do egoísmo, é o altruísmo, que é um sentimento e comportamento de preocupação com o outro. É um sentimento de quem tem amor pelo próximo, sendo solidário com seus semelhantes. Podemos analisar ainda o egocentrismo, o qual também é um tipo de egoísmo, que consiste em um amor exagerado por si mesmo. Trata-se de uma exaltação da própria forma de pensar e da personalidade, tornando o indivíduo, na cabeça dele, o centro das atenções. Um ser egocêntrico tem dificuldade para demonstrar empatia e se colocar no lugar dos outros. Ele faz isso porque está o tempo todo ocupado com seus próprios interesses. A pergunta que fica é: como lidar com pessoas que só pensam em si mesmas? O que fazer quando essas pessoas são seus chefes, pares ou subordinados?

Temos que tomar em nossas mãos a responsabilidade por nossas vidas e agir para nos defender de pessoas egoístas e manipuladoras. Temos que criar barreiras para não ficar completamente nas mãos desses indivíduos e de nossos relacionamentos com eles. Temos que ter respostas e ações para duas grandes questões: como identificar se uma pessoa é egoísta e o que fazer sobre isso.

Uma pessoa egoísta e manipuladora sempre dá um jeito de inverter o assunto, focando em si mesma. Mesmo que você esteja falando de assuntos seus, *seu* carro, *seu* casamento, *suas* dores de cabeça, não importa. Em apenas um comentário, o assunto se torna ele ou ela. Ou seja, eles se colocam no centro da cena em qualquer situação.

Tendem a ser charmosos, dar presentes e muita atenção para você no início do relacionamento. Mas, acredite, no momento em que começarem a discordar de suas opiniões e pensamentos, irão se virar contra você. Começarão a deixá-lo de lado, irão dar "um gelo", fazer silêncio e sumir durante semanas. Após esse período, começam a voltar para retomar o controle sobre você. Até lá, você ficará se perguntando o que fez de errado ou o que deixou de fazer.

A partir daí a situação se inverte, e você começa a achar que a culpa do afastamento é sua e que tem que fazer algo a respeito. Começa a dizer para si mesmo que se trata de uma boa pessoa e quem deve ter errado foi você. A partir desse momento você fica enfraquecido e, sempre que estiver em contato com essa pessoa, entrará no mesmo padrão de comportamento. Você assumirá que está sempre errado, deixando-a ser o centro das atenções, que é o que ela quer e precisa. Agindo assim, tenderá a fazer sempre o que o outro quer.

Por isso, o sentimento de culpa deve ser controlado nestas situações, para que suas emoções não sejam manipuladas por pessoas egocêntricas.

Outra pergunta que se deve fazer é: por que eles continuam a agir assim? Agem dessa maneira porque sabem que deixam as pessoas à sua volta confusas e infelizes, podendo com isso tomar o controle das situações. Em adição, para eles a vida não é como para você, que trata bem as pessoas. Enfim, é da natureza deles causar o sofrimento alheio. Não há respostas definitivas, mas se sabe que é algo para a vida toda – os psicopatas terão sempre esse jeito egoísta de ser. Não fazem atividades simples voltadas para o bem, pois estão sempre pensando em como tirar vantagem dos que estão ao seu redor. Por que continuam fazendo isso? Porque funciona, e porque ninguém os impede de continuar. Para eles, consciente ou inconscientemente, existe um benefício em agir assim. Talvez, se não tivesse tanta gente vulnerável próxima deles, o comportamento pudesse sofrer alterações. Se houvesse mais resistência na hora de suas investidas maléficas, tudo poderia ser mais brando. É como num time de futebol no qual a estrela é egoísta e manipuladora. Se todos fizerem resistência impedindo esse comportamento, pode ser que as ações sejam mais controladas e a manipulação menos frequente. Ainda assim, atitudes egoístas não mudam da noite para o dia.

Mais uma pergunta deve estar presente na sua vida: você está permitindo que alguém o manipule na vida pessoal ou profissional? O que você deve fazer é recobrar suas forças para resistir a essas atitudes manipuladoras. Não é necessário ser agressivo, pois pessoas equilibradas e com boa autoestima não precisam disso.

Você pode ficar chateado com o que acontece, mas enquanto não assumir a responsabilidade pelo o que ocorre com você, nada vai mudar. Você continuará gastando energia que poderia ser usada em atividades e situações positivas. Quando você assume responsabilidade, fica no controle da sua vida.

Eles dificilmente mudarão o comportamento, por isso cabe a você assumir o controle de sua história, criando barreiras e decidindo o que é bom para você. Dessa forma, é você quem definirá que tipo de relacionamento quer ter com essa pessoa egoísta e manipuladora.

CULPA E MENTIRA. ATÉ QUANDO?

Outro aspecto relevante para lidar com a situação é eliminar seus sentimentos de culpa e remorso. Isso porque as pessoas egoístas irão manipulá-lo por meio de seus pensamentos. Irão esperar que você se sinta culpado e volte atrás em qualquer decisão que possa desafiá-los nas suas crenças ou opiniões. A culpa e o remorso são sinais de que alguma coisa não está resolvida e merece correções. Ou seja, mostram que você está errado. Isso irá o imobilizar, fazendo-o ceder às pressões do manipulador.

Até porque a culpa e o remorso servem para nos fazer perceber quando agimos de maneira a prejudicar alguém. Quando sentimos culpa, é sinal de que nos apercebemos do eventual mal que causamos. Podemos ou não sentir remorso. Quem de nós já não magoou alguém de forma consciente ou inconsciente? Porém, sentir culpa ou remorso não pode ser algo que nos imobilize.

Ao notar esses sentimentos você pode se retratar ou aprender a lidar com eles, reduzindo o poder da manipulação sobre você. Porém, se alguém quiser mantê-lo refém de sua culpa, já não se trata de reparar algo que você tenha cometido e que fez alguém sofrer. Tomar para si as consequências e sofrer pelo mal feito é suficiente para nos sentirmos punidos pelo que fizemos. Temos que evitar o exagero em relação à culpa e ao remorso.

Outro ponto importante é aprender a dizer "não" caso você seja uma pessoa que não se sente confortável em negar pedidos. Sendo assim, sofrerá mais quando se trata dos manipuladores. Isso ocorre porque a ação desse tipo de pessoa tem como foco receber sempre um "sim" para o que fazem ou perguntam. Não estão acostumados a receber um "não" como resposta.

Preste atenção toda vez que você falar "não" para uma pessoa e ela se exasperar ou fizer uma expressão facial negativa. Esse é um sinal importante. Tenha mais cuidado para responder o que quer que venham a lhe perguntar, pois existe a possibilidade de se tratar de alguém egoísta e manipulador. São sinais de que a pessoa está buscando controlar e manipular a relação com você.

Busque estabelecer uma linha-limite na sua vida que os manipuladores e egoístas não conseguirão ultrapassar.

Em determinado grau, todos nós mentimos. Aqui, vamos falar sobre o mentiroso contumaz, aquele que mente continuamente e de maneira corriqueira, transformando os fatos como bem entende.

Certa vez, há muitos anos, eu abordei um colega de trabalho que mentia constantemente e de forma grotesca. Ele criava histórias inteiras, mentia até em coisas banais e não se importava em disfarçar. Contava certos casos num dia e, no outro, detalhes completamente diferentes do mesmo fato. Era desconcertante estar com ele. Tudo era motivo para uma longa história na qual ele quase sempre era o protagonista. Havia dias em que chegava atrasado, dizia ter batido o carro e que estava em um hospital socorrendo a vítima. No dia seguinte se contradizia, deixando escapar outra realidade sobre o dia anterior. Em um desses episódios, não aguentei mais e investiguei a história. Procurei seu carro e vi que estava inteiro, intacto, e nada levava a crer que aquele mesmo carro tinha sofrido um acidente. Fui até ele e disse: "Você falou que bateu o carro gravemente, mas está intacto". Sem pestanejar, ele respondeu: "Eu já consertei!". Em um dia apenas? Impossível acreditar nessa história. Para mim, era mais uma de suas mentiras. Fui direta e lhe disse que ele estava mentindo e que aquela não era a primeira vez.

Para minha surpresa, ele admitiu que havia contado somente alguns detalhes e esquecido outros. Insisti no assunto, e ele acabou dizendo que não havia vítimas e que o carro não estava danificado. Então perguntei: "Qual parte da história é verdadeira?" Ele disse: "Eu quase bati, poderia ter batido".

Ou seja, para ele isso é apenas um detalhe, uma distorção dos fatos não é mentira. Se eu não tivesse a ideia de olhar o carro, teria acreditado na história inteira, que, na verdade, não passava de uma ficção. Gente assim pode ser capaz de criar histórias inteiras e achá-las naturais, passando realmente a acreditar no que inventou.

Fui mais específica e sugeri que conversássemos a respeito. Ele olhou para meus olhos diretamente e disse que não achava que estava mentindo, acreditava que estava distorcendo a verdade. Disse que havia transformado a verdade em algo que poderia ter acontecido. Esse tipo de atitude é extremamente prejudicial para as pessoas que convivem com o mentiroso psicopata.

No caso desse meu colega, não havia intenção de machucar ninguém, não era uma mentira para ganhar algo ou subjugar alguém. Talvez ele quisesse chamar atenção ou ter uma justificativa imbatível para seu atraso e não mediu consequências. Eu, do meu lado, decidi não contar a ninguém sobre o caso, pois essa pessoa era um trabalhador do bem, que mentia de forma doentia. Sugeri que ele buscasse ajuda, lesse sobre o assunto, tentasse entender por que tinha a necessidade de mentir tanto.

De fato, temos que nos perguntar de vez em quando se alguém em nossas vidas tem mentido para nós. Sobre o que eles mentem ou estariam mentindo? Algumas vezes, as pessoas mentem para nos agradar, para se verem livres da pressão que eventualmente fazemos. Outras vezes, chegamos a utilizar a expressão "eu prometo", e acabamos não cumprindo nossa palavra. Será que isso é mentir? Será que no momento que prometemos, já sabíamos que não cumpriríamos a promessa? Fazemos promessas no campo pessoal e profissional, porém nem sempre com a intenção de não as cumprir. A verdade e a mentira trafegam em nossas vidas nos deixando inseguros. Nietzsche, filósofo alemão, diz de forma interessante: "Fiquei magoado não por me teres mentido, mas por não poder voltar a acreditar-te"[2].

No caso dos psicopatas no trabalho, a situação é bem mais séria. Muitos deles querem impressionar as demais pessoas e, portanto, contam mentiras transformando tudo para melhorar suas vidas. Para eles, tudo é uma questão de vencer.

COMO SE PROTEGER NO AMBIENTE CORPORATIVO

No que se refere à função e à posição de liderança, cito um texto de Lucy Kellaway, articulista do jornal *Financial Times*, publicado às segundas-feiras na editoria de Carreira, intitulado "As quatro mentiras que um CEO deve sempre dizer".

Abre o texto explicando que a primeira regra é jamais admitir que não está apreciando a posição e o trabalho. Você pode dizer que está estressado, que o trabalho é desafiador, mas se declarar insatisfeito é morte na certa.

A segunda norma é que está proibido dizer que não gosta ou não se dá bem com alguém da empresa. Mesmo que seja um psicopata, dizer declaradamente que não gosta de alguém pega muito mal e denigre a imagem.

---

2   Disponível em: <https://0posmoderno.wordpress.com/category/eu/>. Acesso em: 21 set. 2016.

Em terceiro lugar, falar mal da empresa que trabalha está fora de questão. Devem ser faladas somente as coisas boas que a empresa faz, para que você tenha paz no dia a dia, se é que é possível algo assim.

A última coisa que o artigo descreve é jamais dizer a alguém que não tem certeza de algo. Se for tomar decisões pouco populares, como corte de custos, reestruturação, entre outras dores do mundo corporativo, deve manter firme a postura de que estava certo em tudo o que fez. Assim, o artigo conclui que um executivo-chefe não se pode dar ao luxo de falar a verdade ou o que pensa o tempo todo, pois incorre no risco de não sobreviver aos primeiros meses em seu cargo.

Nesse sentido, sobreviver é o que ensina o livro *The first 90 days*, do autor Michael Watkins, leitura obrigatória para quem, como eu, quer conviver no mundo dos negócios, principalmente no mundo das corporações. O foco principal dessa publicação é dar subsídios para que qualquer pessoa que adentre uma corporação não cometa os erros de quem inicia num ambiente novo. Mais do que isso, estabelece as estratégias para se ter sucesso dentro do que chamamos de "período de experiência".

Para que tenhamos sucesso dentro de uma corporação, tomando os cuidados necessários, como já disse, com os psicopatas, são necessárias algumas medidas profissionais. Essas medidas não são de sobrevivência, mas fundamentais para se ter sucesso na criação de um caminho para a transição de um ambiente para outro. Vale para quem está mudando de empresa ou mesmo de departamento. Tudo muda de um lugar para outro – as pessoas, os métodos, os processos de execução, mesmo se tratando das mesmas atividades.

Sendo assim, algumas ações são fundamentais, ou seja, é necessário criar um plano sólido de entrada no novo ambiente:

Divulgue e promova seu trabalho: isso não quer dizer contratar um profissional de marketing ou imprensa para divulgar sua imagem. Isso significa conseguir fazer com que as pessoas importantes conheçam o que você faz e o valor do seu trabalho. Não se pode ser sempre *low* *profile* numa tentativa de ser discreto. Excesso de discrição é tão prejudicial quanto o exibicionismo.

Faça combinar sua estratégia com a situação em que se encontra a empresa: não existe uma fórmula universal para se ter sucesso dentro da organização, porém é necessário fazer o cruzamento de sua estratégia com o momento pelo qual a organização está passando. Se for um momento de turbulência, a estratégia é uma, se for momento de tranquilidade, tudo pode ser mais fácil. Portanto, analise os desafios para que possa determinar um plano compatível com a situação.

Você deve acelerar seu autoaprendizado: quando se entra numa nova empresa, não dá para esperar que as pessoas parem para lhe atualizar ou ainda lhe ensinar parte de sua função. Uma coisa é receber treinamento para conhecer parte da cultura da empresa ou detalhes específicos de casos que estão em andamento, outra é alguém pegar na sua mão e lhe mostrar os meandros do todo. E, por último, tentar buscar o que chamamos de "*early wins*", que são rápidas e pequenas vitórias, ou ainda superação de pequenos desafios que colocam você no radar de quem atinge objetivos.

Existem várias outras ações que devem ser feitas enquanto você se adapta dentro de uma nova cultura, porém essas eu considero como as mais relevantes quando tive que enfrentar novos ambientes e desafios. É claro que cada empresa e pessoa devem encontrar formas de trabalhar dentro de um processo que seja benéfico para ambos.

Por outro lado, existem as coisas que se deve evitar quando se adentra novos ambientes, e cabe aqui destacar o que minha experiência me mostrou.

Não crie um sistema de isolamento: não se mantenha distante dos grupos, busque coalizão, destruindo barreiras com colegas e superiores.

Evite autoconfiança em excesso: isso significa que você não irá assumir compromissos que não se pode atingir num primeiro momento. Não seja extremamente otimista.

Não procrastine decisões difíceis: se tiver que tomar decisões dolorosas para a maioria, mas que sejam necessárias para o desenvolvimento de sua função, faça o mais rápido possível. É melhor fazer enquanto não há amarras com o passado e envolvimento emocional com as pessoas.

Evite o ciclo vicioso de dar em excesso: quando se dá muito para a equipe logo no início, a chance de criar um vício de receber benefícios pode ser grande. Quanto mais se dá, mais irão querer. Busque o equilíbrio.

Não atire para todos os lados: não tome medidas em várias frentes, confundindo as pessoas. Trace um bom plano, com foco, e se mantenha nele.

Sendo assim, três pilares são importantes para que esse plano dê certo: apoio de alguém, ou de alguma área, sistemas de informação para lhe deixar instruído para tomar decisões e muita disciplina. No mais, é muito trabalho e foco.

REAPRENDER A APRENDER É DOLOROSO

Sabemos tudo, entendemos de tudo, aprendemos tudo, até que nos deparamos com novas situações e essa ilusão se desmonta. Quando estamos diante de novos desafios ficamos paralisados e percebemos que teremos que aprender a viver de uma outra forma.

A situação se complica mais quando temos que enfrentar desafios que nunca havíamos vivido, julgar de forma única e, em alguns casos, decidir baseado em pouca informação.

Sem contar que algumas vezes encontramos pessoas que dificultam a tomada de decisões, pois apresentam características de personalidade que nos fazem refletir. Um desses exemplos é quando temos que contratar alguém que, embora pareça ser bom profissional tecnicamente falando, pode ser um indivíduo com grandes distúrbios de personalidade.

Um dos desafios nos ambientes corporativos são as pessoas com personalidade narcisista. É importante saber se existe alguém narcisista em nossa vida diária para aprendermos a lidar com ele ou ela.

O psicopata pode fazer parte do seu cotidiano, e para conviver com ele não se pode usar a mesma técnica como se ele fosse um membro da sua família. Não se trata de alguém que terá empatia ou irá atentar às necessidades dos seus semelhantes.

Todo mundo tem um certo grau de narcisismo, e temos que nos controlar para não ultrapassar os limites do bom senso, porém o narcisista tem esse perfil muito mais exacerbado e destacado dentro de sua personalidade.

Eu conheci muitos narcisistas, e você com certeza conhece vários. Mas saber lidar com eles é outra história.

Certa vez, entrevistando um candidato a uma posição executiva, percebi que ele tinha uma opinião equivocada sobre si mesmo. Notei que a característica narcisista iria prejudicar a equipe que já estava formada e trabalhando coesa.

Esse rapaz era jovem, muito bonito, uma mistura de suíço com brasileiro, e falava quatro idiomas. Era cativante e tinha um sorriso perfeito. Porém bastava que eu fizesse uma pergunta sobre seu trabalho para que ele contasse, basicamente, seus feitos ligados à beleza, inteligência e brilhantismo. Algo assim:

— "Sempre soube que teria sucesso por conta da minha inteligência e capacidade para enxergar mais longe do que as outras pessoas";

— "Minha beleza exótica abre portas porque, além de bonito, sou simpático";

– "Venho de família chique, culta e bonita, não tinha como não herdar esses atributos e ter sucesso nos negócios. Sei que sou a pessoa certa para essa posição!".

Isso nos remete a pensar o quanto a mistura do narcisismo esbarra na ética empresarial. Por que todas as pessoas parecem duvidar das boas intenções das corporações? Por que elas são compostas por pessoas que não medem esforços para conseguir o que querem? Mesmo que tenham que mentir? As pessoas estão cansadas de ouvir falar em ética e compromisso moral por parte das empresas e, no final, ver que não é bem assim. Inclusive em coisas simples falta transparência.

Veja, como exemplo, o caso dos lençóis dentro dos hotéis. Estes nos estimulam a não trocar diariamente os lençóis, apelando para nossa consciência ecológica ambiental. É claro que está correto fazer isso, mas não é adequado não dizer para onde vai o dinheiro economizado com essa ação. Poderia, por exemplo, ser enviado parte do valor para uma entidade ambiental, e isso seria informado para o cliente antes de ele decidir se troca ou não o lençol. Por isso as pessoas são céticas com a ética nos negócios. Em um artigo de Antonio Vaccaro, professor de ética do IESE Business School, é citado o professor Lloyd Sandelands: "O negócio das empresas é a pessoa humana", o restante é irrelevante.

Ao se perguntar hoje o que você gostaria de ter em sua vida, talvez uma das respostas devesse ser: quero relacionamentos de maior qualidade e mais saudáveis. E nós precisamos e merecemos ter pessoas especiais em nossas vidas. Em adição, outra questão importante é: como e quanto comunico ao mundo o meu real valor? Quanto estou dizendo ao mundo que eu valho?

Todo dia anunciamos ao mundo o quanto valemos, o quanto somos ou não valiosos. Nós gritamos ao mundo nosso valor baseado no tipo de pessoas que convidamos a habitar nosso coração, nossa vida e nosso espaço. E não importa o que pensamos, nós ensinamos às pessoas como nos tratar. E se essa forma de nos tratar for tóxica, temos que nos afastar. Em vários casos somos os responsáveis e temos a obrigação de nos mantermos distantes de pessoas tóxicas e relacionamentos doentios.

Se você continuar a permitir relações tóxicas, sua vida não evoluirá. Não tenha medo de colocar os seus padrões de exigência em patamares mais altos.

Se você mirar a lua, acabará chegando perto das estrelas. Ainda que esta seja uma metáfora, sabemos que ter um objetivo definido é metade dele atingido. Por isso temos que promover mudanças. Em geral, mudar deixa as pessoas com medo e inseguras. Porém, a decisão de se afastar é fundamental, pois nada bom pode derivar de relacionamentos tóxicos e envenenados.

Existem técnicas narcisistas, e os psicopatas sabem que funcionam. E, ainda assim, vivem testando novas formas de manipulação. Sentem prazer em criar mecanismos emocionais para se colocarem sempre em evidência. Há algumas perguntas que devemos fazer para traçar um perfil a fim de melhor nos defendermos. Nos próximos capítulos, exploraremos detalhadamente cada tipo de distúrbio de personalidade. Porém, cabem aqui alguns comentários.

Os narcisistas gostam de tentar persuadir as pessoas se utilizando de técnicas que nos conquistam facilmente, como fazer elogios falsos. Fica claro que não são comentários verdadeiros, pois elogiam de maneira superficial, apenas para ganhar a confiança do interlocutor.

Muitos narcisistas também se divertem com a baixa autoestima das pessoas quando fazem observações que as constrangem. Mentir e manipular, para eles, é como se fosse um entretenimento para ocupar momentos entediantes. Fazem isso também para alimentar o ego e se manterem na crença de que são melhores do que todo mundo. Não se engane, mesmo quando fazem o bem, como lhe trazer um café, agem para alimentar seu sistema egocêntrico. Eles têm algum interesse pessoal por trás de cada boa ou má ação. Não deixe que os comentários de um narcisista perturbem o seu estado emocional.

O COTIDIANO COM UM PSICOPATA

"Por muito tempo me senti dominada, presa, sem saber como me mover, o que falar, que caminho seguir. Minha angústia era grande, sentia-me vigiada o tempo todo. Atitudes conflitantes, como um dia uma 'carteirada' e no outro, literalmente, um aumento de salário para me dominar. No início, achei que eu estava errada, que não ornava com aquela empresa ao mesmo tempo que todos gostavam de meu trabalho, pares, equipe e os superiores de minha chefe. Sua aparência meiga, frágil e voz doce, dominava a todos, e sua maior competência era a sedução, não física, mas mental, junto com uma força para se manter firme diante da dor de acontecimentos pessoais, que era incrível.

Ao mesmo tempo essa relação profissional me despertava sentimentos positivos, e eu gostava da minha chefe por alguma razão. Muitas vezes chorei em silêncio no banheiro da empresa, pois minha posição não permitia esse suposto descontrole que os títulos corporativos colocam nas mulheres. Era uma mistura de sentimento que me fazia mal. O que me segurava lá? A paixão pelo o meu trabalho, o desafio e as possibilidades que estavam diante de mim. Resolvi fazer *coaching* para entender meus sentimentos e consegui perceber que o problema, a loucura, não era minha e, aos poucos, aprendi a conviver sem sofrer tanto, mas eu sabia que nós não poderíamos continuar por longos anos nessa relação, porque eu não queria isso para mim, ficar subordinada à loucura do outro, tendo consciência e vendo mais que todos. Até que um dia fui embora em paz, e toda esta experiência me fortaleceu e ensinou muito, mas ainda vejo a marca que foi deixada, o que é bom para eu não me esquecer que pessoas assim existem e estão disfarçadas ao nosso redor, uma pequena cicatriz curada."

Trabalhei com pessoas assim. Em geral, as mulheres são mais dóceis, e talvez fique menos evidente a psicopatia nelas. Mas não se engane, pois é tão perigoso enfrentá-las como qualquer homem psicopata.

SOBREVIVA AOS ENCANTOS DE UM MANIPULADOR, TIRANO E MENTIROSO, QUE FAZ O QUE FOR PARA CHEGAR E MANTER O PODER

6

Um dos conceitos mais interessantes que li foi na edição da *Harvard Business Review* de fevereiro de 2013, cujo texto apontava uma lista internacional dos cem melhores presidentes de empresa. O conceito diz que existe uma impressionante distância entre o que é bom (para os acionistas) e o que é bem (para a sociedade). Dessa forma, a pessoa que estiver no poder tem que analisar se o bom para a empresa será útil e benéfico para a sociedade, e, por consequência, para quem trabalha na empresa. Sendo assim, fica mais relevante saber que tipo de pessoa terá o poder de decisão dentro das organizações, isto é, quanto melhor for a pessoa, melhor será o resultado de seu trabalho. Nesse sentido, as pessoas difíceis de lidar levam desvantagem no que se refere a contribuir para com a sociedade e a empresa.

Sendo assim, ao conviver com pessoas difíceis, chefes tiranos, narcisistas e, por fim, psicopatas, deve-se deixá-los serem sempre o centro das atenções. Não crie competição, não tente tomar para si a atenção, pois irá sofrer consequências nefastas. Com clientes não é diferente, afinal o que você precisa é concluir negócios e não sempre fazer valer sua visão ou opinião. É claro que você deve perseguir suas posições e manifestar suas preferências, porém é importante fazer tudo isso sem ocupar lugar de destaque. Se você não deixar esse tipo de cliente brilhar, ele não voltará a fazer negócios com você. Essa recomendação não se aplica quando tratamos com pessoas do bem e com equilíbrio e controle mental.

Portanto, se você tem como necessidade aprender a conviver bem com chefes tiranos, mentirosos e manipuladores no trabalho, cabe atentar para alguns pontos relevantes. Procure não abordar seu chefe com problemas. Você não quer ser percebido como alguém que não tem soluções. Em adição, não leve sua lista de tarefas para discutir com ele, pois é desagradável, em sua visão, falar de assuntos que não tenham sido solicitados por ele mesmo.

Você não deve jamais criticar o passado e as pessoas que lhe antecederam, nem mesmo o antecessor do seu chefe. Se o fizer, essa será uma forma de ter você nas mãos, pois terá feito maledicência. Isso não quer dizer que você terá de tolerar toda e qualquer mediocridade.

Procure não se ausentar demais, pois você precisa ser encontrado quando seu chefe for procurá-lo. Em geral, ele irá fazê-lo quando você não estiver por perto, justamente para você ter que se explicar. Esteja à disposição mesmo que seja apenas pelo telefone. Pode ser bom ter a "corda solta" e fazer o que quiser, mas resista ao ímpeto de sumir sem avisar. Não dê motivos para ser repreendido.

Se quiser viver sem grande pressão, não surpreenda seu chefe. Não há nada pior para esse tipo de gente do que receber más notícias. O culpado será sempre o mensageiro, nesse caso, você. Não tente mudar o seu chefe tirano buscando tornar seu convívio mais natural e leve. Isso não vai ocorrer. Assuma que você não pode mudá-lo e se adapte ao estilo dele, compreendendo suas idiossincrasias.

CONTRATAÇÃO DE AMIGOS E FAMILIARES

Cabe ressaltar que às vezes não percebemos o quanto é sério e não recomendada a contratação de amigos ou familiares. Seja em relação ao nosso próprio negócio ou principalmente em relação a uma empresa onde somos empregados. Se pessoas sem distúrbios mentais já se acham no direito de ter privilégios por serem "amigos" de quem contratou, imagine se forem psicopatas.

Você deve estar pensando: mas eu jamais contrataria um psicopata! Ocorre que você não pode afirmar isso, pois eles são dissimulados, espertos, fingidos, falsos e podem conseguir lhe encantar. Você pode contratar um deles sem perceber e depois ter que viver sob risco e pressão. Independentemente de ser ou não amigo ou familiar, eles ficarão esperando de você um tratamento especial. Se isso não ocorrer, ficarão ressentidos e vingativos. Caso isso aconteça, trate a situação de maneira ainda mais profissional do que faria se não fossem amigos ou parentes, pois os danos podem ser ainda maiores.

PODER E INFLUÊNCIA

Não se engane, uma pessoa julga sua competência em apenas alguns segundos, apenas olhando para você. Imagine que tipo de mensagem você passaria para alguém caso se comportasse de maneira bizarra e psicopata.

Certa vez eu estava numa reunião com um alto executivo e mais seis pessoas. Tratava-se de um diretor internacional, responsável por uma região inteira do globo. A reunião era importante, repleta de decisões a serem tomadas. Estavam todos tensos. Era uma sala linda, com uma mesa enorme e equipada, que tinha até uma pequena geladeira em cima.

Não é que, de repente, o tal diretor abre a geladeira, tira de dentro uma garrafa de vodka e toma no gargalo? Ato contínuo, abre um pequeno pote de vidro e começa a comer cebolas em miniatura. Ficamos chocados, pois creio que ninguém esperava algo assim. Aliás, eu nunca havia visto tamanho despropósito e inadequação. Ficava claro que havia uma necessidade de mostrar excentricidade, irreverência, mas, acima de tudo, poder.

Era um homem deslocado do seu tempo, uma figura grotesca e sem pudores. Incluía um palavrão em cada frase, coisa típica de quem tem alma e vocabulário fracos.

Sempre me perguntei como foi que ele havia conseguido chegar lá e, pior, permanecido por tanto tempo naquela posição. Apesar da grosseria, todos riram para que a situação ficasse tolerável. O homem não entendeu que estava constrangendo as pessoas e continuou a beber e a comer durante toda a reunião. Na frente do executivo, ninguém ousou fazer um comentário sequer, entretanto, nas suas costas, todos comentaram o quão desagradável tinha sido a reunião. Não fizeram comentários na hora, pois sabiam se tratar de um psicopata, talvez não tão perigoso e cruel, mas um desequilibrado que não respeitava as pessoas. Episódios assim podem dar sinais de que algo não é confiável numa pessoa.

Pessoas que não sabem usar o poder para o bem, irão usá-lo para o mal. Simples assim. Ou, ainda, usarão para seu próprio bem e benefício, obtendo o controle sobre as pessoas. Psicopatas narcisistas tendem a controlar as pessoas para que exerçam suas vontades. Em adição, eles podem destruir quem não se deixa controlar ou não é controlado facilmente.

Pessoas que pensam por si mesmas, que são criativas e que têm autoestima, não são interessantes para os psicopatas. Aqueles que são capazes de elaborar suas ideias e ações serão desprezados pelos psicopatas narcisistas. Na verdade, ter um relacionamento com um narcisista está mais para escravidão, pois nada é mútuo, não há troca. Trata-se do mestre e do seguidor, do superior e do inferior, na visão daquele que controla. O narcisista vê você apenas como uma ferramenta, como um fazendeiro vê a pá para plantar o que quer ou precisa.

Se você não der a ele o controle de sua vida, será alvo de sua ira e, se tiver sorte, poderá ser abandonado. Eu digo sorte porque psicopatas narcisistas podem destruir aqueles que claramente se recusam a ser controlados. Para eles, até bastaria receber poucas coisas de sua vida, desde que fossem fundamentais. Pode até haver uma amizade entre você e um narcisista, mas saiba que você não existe no coração dele.

Não é uma boa ideia confrontar uma pessoa dessas, pois o psicopata é, além de tudo, um tirano. O indivíduo tirano é aquele que oprime, de forma cruel, abusando do poder. É um termo que vem do grego "*tyrannos*", que na Grécia se referia a um governo ilegítimo criado e instituído de forma ilegal. Tirano era o nome que se dava ao representante deste governo. Alguns tiranos da época contribuíram para a evolução de algumas cidades, porém a conotação negativa veio depois, com aqueles tiranos que abusaram do poder. Sendo assim, o conceito moderno de tirania se refere à atuação que não é aceita nas relações humanas.

MANUAL DE SOBREVIVÊNCIA

Em tempos de crise há várias ações impopulares e reestruturações. Logo, esse é o momento em que a empresa se vê diante da necessidade de testar verdadeiramente seus valores e sua missão empresarial. Aquelas que não respeitam o que sempre declararam sofrem uma mácula na imagem que têm no mercado. Isso ocorre porque a imagem de uma empresa é baseada em como as coisas são feitas e geridas dentro dela por gestores e funcionários. Dessa forma, fica mais clara ainda a importância da lisura daqueles que dirigem uma organização em momentos de grande pressão. Por isso, quando há a necessidade de se fazer demissões, principalmente em massa, é necessária uma dose extra de humanidade para tratar com dignidade as pessoas que deixam a empresa. É importante cuidar dos que ficam e respeitar aqueles que se vão.

Ainda dentro da necessidade de se preparar para enfrentar os encantos de um manipulador, cabe buscar alguns tipos de comportamento.

Faça sozinho algo que seja difícil e que poucas pessoas fariam. Ou seja, regularmente faça um projeto individual e espartano. Isso lhe dará uma imagem de quem está preparado para enfrentar tempos difíceis. Faça algo à noite, quando todos estão dormindo, leve seu trabalho no dia seguinte, choque as pessoas com sua capacidade de realizar o que é difícil e em pouco tempo.

Nunca escreva um e-mail negativo, com frases impactantes que venham a constranger alguém. Pense antes de escrever. Você se sentiria confortável se um dia esse e-mail viesse à tona e a público? Se a resposta for não, resista à tentação de desabafar através de palavras duras em um e-mail. Esse tipo de manifestação se faz pessoalmente, a dois, e em uma sala fechada sem testemunhas. Melhor para os negócios e para a construção de sua imagem.

Em adição, procure evitar os famosos *happy hours* com a turma depois do trabalho. É uma perda de tempo e dinheiro. Tome um drink com sua esposa ou marido, será mais agradável e mais seguro, pois a chance de haver um psicopata é menor. Evite a todo custo ir aos coquetéis que antecedem as reuniões de vendas, seminários, feiras ou celebrações onde haverá, com certeza, a presença de psicopatas narcisistas. Cabe enfatizar aqui que a questão não é se tornar antissocial, mas se proteger de um predador que pode estar a sua procura. Se não houver este tipo de pessoa, fique em paz e vá se divertir com um comportamento profissional. Isso inclui as festas dos departamentos e aniversários do mês, que são ações muito comuns dentro das organizações. São eventos superficiais, em geral falsos, que são feitos para dar uma ideia enganosa de empresa "família". Não caia nessa e procure se proteger dos predadores que, aliás, fazem tudo para estar em todos os eventos. Eles são "arroz de festa", estão sempre presentes para ter acesso às pessoas e às informações.

A mesma atitude deve ser tomada em uma viagem. Procure não estar ao lado do seu chefe, não sentar com ele no avião, caso este seja um potencial predador. Ainda que isso signifique não sentar na *business* ou primeira classe do avião. Vale mais a pena o desconforto com hora para terminar do que uma pressão que pode durar muito mais. Se for inevitável, não tente bancar o amiguinho do seu chefe, se fazendo de confidente ou próximo. Isso não existe, ele fingirá estar próximo de você apenas para saber os detalhes de sua performance e usá-los a seu favor. Evite falar de negócios, de planos e, principalmente, de pessoas. É neste momento que ter cultura geral e ser atualizado é fundamental. Fale sobre política, pergunte a opinião dele sobre temas complexos, faça perguntas que necessitem explicação professoral. Ele irá adorar se sentir mais capacitado que você. Faça perguntas abertas e evite dar sua opinião. Mostre-se entusiasmado com as respostas e mantenha um clima favorável para que ele fique falando a maior parte da viagem. É cansativo, mas é uma forma eficaz de não se meter em encrenca. Não gosta disso? Não quer fazer esse jogo? Então se prepare para viver sob pressão e, em último caso, refém de seus próprios comentários.

Outra coisa importantíssima: sempre diga "sim" para seu superior quando esse lhe pedir um favor ou um trabalho específico. Não importa se de antemão você souber com certeza que não conseguirá entregar. Diga sim, faça um adendo, dizendo que buscará a melhor solução, e trabalhe realmente para conseguir.

Se não conseguir, leve outra informação relevante, correlata, que possa amenizar o fato de que ele pediu algo que não pôde ser realizado. Dentro dessa linha, não permita jamais que seu chefe cometa um erro, procure amparar todas as ações dele de forma a evitar que seja você o fator desencadeante de um desconforto. Se ainda assim seu chefe tiver uma reação negativa, jamais se descontrole, perdendo as estribeiras. Mantenha o controle o tempo todo, sempre passando a ideia de que tem a situação sob seu controle e comando e que irá buscar a solução "*no matter what*"!

Existe uma longa e cruel lista de ações de assédio e bullying que fazem parte da vida de um predador. Podemos separar em categorias, mas não é possível elencar todas, pois isso seria algo sem fim. Isso não quer dizer que todos usem todas as ferramentas de assédio ao mesmo tempo. Podem se utilizar de algumas específicas de acordo com a vítima e a situação em que se encontram. Uma das técnicas mais comuns é aumentar o tom de voz ou mesmo utilizar gritos para intimidar e controlar a pessoa. Não se deixe abater e nem revide no mesmo tom, pois a situação pode perder o limite e causar ainda mais constrangimento.

O objetivo, com o tom de voz alto e os gritos, é causar o medo, paralisando a vítima. Essa técnica, feita de surpresa, desestabiliza a pessoa deixando-a fragilizada. Nessa forma de atuação existe coerção, e ela atinge mesmo aqueles que estão presenciando a cena. Ninguém quer se meter no assunto e sofrer as consequências.

Outra forma terrível de bullying que o psicopata se utiliza é a constante postura crítica sobre o trabalho que é feito pela vítima. Muitas vezes, a portas fechadas, o predador tece críticas violentas em nome de outros colegas, do tipo "ele disse" ou "ela disse". Numa situação como essa, fica difícil se defender, e a melhor maneira para superar é gravando o que acontece na sala e depois confrontando com quem é citado como autor das críticas.

O objetivo do psicopata aqui é atingir em cheio a autoestima e a avaliação de desempenho da vítima. Eles tentam controlar e danificar a identidade da vítima, traumatizando-a para sempre. Por isso, analise bem o que é dito e busque acareação, sem confronto, de maneira branda e discreta. Lembre-se de que enfrentar o predador sozinho não é recomendável, muito menos ficar frente a frente com o dedo em riste.

COMPORTAMENTO AGRESSIVO

O comportamento agressivo é aquele que causa danos físicos ou emocionais aos outros. Pode variar desde um abuso verbal até a destruição de propriedades das pessoas. Indivíduos com comportamento agressivo tendem a ser impulsivos e agitados o tempo todo.

Problemas emocionais são a causa mais comum para o comportamento agressivo. Este é o tipo de ação que causa rompimento de relacionamentos, deixando para trás rastros de crueldade e violência. De forma geral, o comportamento agressivo deriva, além da falta de controle das emoções, da dificuldade de entender o que é apropriado na sociedade. Ele pode ser reativo ou ainda espontâneo, sem que tenha havido um "gatilho" da ação. Pode ser ainda fruto de retaliação contra aquele que reagiu negativamente às investidas de um predador. A primeira etapa para superar um comportamento agressivo é entender a causa e, posteriormente, buscar evitar que ocorra.

Vários fatores podem influenciar o comportamento agressivo, dentre eles estrutura familiar, características individuais, condições de saúde ou, principalmente, problemas psiquiátricos. O site www.healthline. com[1] explica de forma bem mais profunda esses fatores.

---

1 Acesso em: 01 set. 2016.

Entretanto, o conceito de agressividade passiva vale a pena ser analisado. Trata-se daquele comportamento chamado de "corpo mole", no qual o sujeito, de forma discreta, procrastina, evita confronto, não faz seu trabalho, se vingando ao não agir.

No curto prazo, esse tipo de comportamento pode ser mais conveniente do que o confronto, pois requer menos esforço. Porém, tenha a certeza de que os danos são imensos e com características psicopáticas.

No longo prazo, todas as relações com pessoas que são agressivas passivas se tornam confusas e destrutivas. Até porque, quando as pessoas se dão conta de que não podem expressar a ira abertamente, não deixam suas emoções transparecerem. Ainda assim, uma dose pequena e disfarçada de raiva e hostilidade é aceita pela sociedade.

O COTIDIANO COM UM PSICOPATA

Márcia acabara de entrar na empresa e estava otimista com o novo trabalho e o novo chefe. Seu departamento era responsável por todas as vendas, e isso o tornava bastante importante. O mesmo destaque tinha Mike, seu chefe, que gozava de prestígio, possuía boa imagem e ótima aparência, exalando competência diante dos olhos dos superiores.

Márcia estava indo bem, se adaptando com rapidez e apreciando seu trabalho. Em uma manhã, adentra o escritório o senhor Jeffrey, cliente relevante para a empresa, e diz:

— Mike está? Posso esperar aqui enquanto fico admirando seu lindo rosto?

Márcia ficou desconcertada, mas assentiu com a cabeça.

Na sequência, chega seu chefe para receber o cliente, que logo diz:

— Estou vendo que está com nova decoração no escritório. Linda assistente.

— Ah, esta é Márcia, minha nova assistente — disse Mike.

— Vejo que é competente. Pelos atributos físicos que tem, fará sucesso por aqui.

Riram muito e caminharam para a sala de reuniões.

Mais tarde, Márcia foi até a sala do chefe para manifestar seu descontentamento com o que ocorrera com o cliente.

Seu chefe, sem lhe dar atenção, e enquanto atendia o telefone, disse:

— Deixe isso pra lá! Este cliente é importante para nós, e você deve ser amigável com ele.

Márcia ficou absolutamente decepcionada e infeliz, porém continuou a trabalhar, buscando focar no resultado de suas tarefas. Até que dois dias depois, seu chefe, ao elogiar um trabalho que ela terminara, coloca as mãos sobre seus ombros parabenizando-a. Então diz:

— Ótimo trabalho! Deixe-me pagar-lhe um jantar para comemorarmos este excelente resultado.

Márcia declinou dizendo que seu namorado a esperava para jantar. Não era verdade, apenas tentou evitar a insistência. Porém, sem sucesso.

Nesse momento, Mike segura firme as mãos de Márcia e completa:

— Estou divorciado há três meses e preciso sair para me descontrair.

Márcia puxa as mãos, faz cara de insatisfeita e deixa o local sem se despedir.

No dia seguinte, logo cedo, Mike era outra pessoa, agressivo, perdia a paciência e, diante de todos, grita culpando Márcia por atrasos que não lhe diziam respeito. Faz isso gritando e humilhando Márcia.

Após um período de tristeza e choro, Márcia se recupera e resolve conversar com Mike. Adentra sua sala e diz:

— Mike, estou absolutamente chocada com o que você fez comigo lá fora. Além de injusto, foi impróprio e grosseiro.

— Olhe, Márcia – diz Mike –, se quiser se dar bem aqui terá que ser mais amigável com todos, e principalmente comigo.

— Talvez eu tenha exagerado, mas façamos o seguinte... – colocando as mãos sobre as mãos de Márcia. – Vamos tomar alguns drinks esta noite e falar sobre o seu futuro aqui na empresa.

Márcia, chocada novamente, disse não aceitar e considerar o convite fora dos limites do bom senso.

Saiu dali e foi procurar o chefe de Mike. Fez a reclamação. O chefe pediu tempo para analisar e ouvir a versão de Mike.

Mike negou tudo. E mais, disse que não estava satisfeito com o trabalho de Márcia e que a havia demitido naquele dia. Alegou que, por conta disso, Márcia, se sentindo humilhada e perdida, inventou toda essa história. Mike disse que queria Márcia fora da empresa naquele mesmo dia. E assim aconteceu. Márcia foi demitida com a alegação de mentir e levantar falso testemunho no trabalho.

Mike é um psicopata narcisista, repleto de arrogância, ódio e rancor. É uma pessoa vingativa e do mal. Histórias como essa se repetem aos montes, diariamente, dentro dos escritórios, tendo como vítimas homens e mulheres. Por isso, entre outras razões, aprender a lidar com psicopatas é fundamental. Talvez Marcia tenha tomado medidas que não fossem as mais adequadas para o quadro que se apresentava. Talvez devesse ter anotado cada ação, gravado conversas, chamado testemunhas, enfim, ter buscado mais provas e agido somente quando tivesse algo de concreto que não fosse apenas sua palavra contra a de Mike.

PARTE C

SAIBA COMO AGIR COM UM PSICOPATA E CONVIVER SEM DOR – O FIM DA JORNADA

O PSICOPATA PODE PASSAR
A VIDA INTEIRA FAZENDO O MAL.
NÃO DEIXE QUE ISSO OCORRA COM VOCÊ.
IDENTIFIQUE-O E PROTEJA-SE.

ACEITE A REALIDADE: ALGUMAS PESSOAS NÃO TÊM CONSCIÊNCIA E SÃO CRUÉIS

7

Para iniciarmos qualquer ação sobre como lidar ou conviver com um psicopata, precisamos analisar o quanto estamos preparados para atuar. É importante compreender que a aprovação dos outros nem sempre é necessária na nossa vida. Salvo momentos em que queremos a aprovação de pessoas que gostamos, admiramos ou que nos fazem bem. Receber um elogio de um chefe ou de um amigo é parte relevante de nossa vida.

Por outro lado, se você vive se preocupando com o que as pessoas pensam a seu respeito, pode ser que se sinta infeliz e inseguro a maior parte do tempo. E sendo assim, lidar ou conviver com um psicopata procurando não o contrariar o tempo todo pode não ser a melhor estratégia.

Algumas pessoas ficam deprimidas porque só se valorizam baseadas na opinião dos outros. Só conseguem se sentir bem fazendo algo que os outros aprovam. Atitudes como essas geram insegurança e despreparo para lidar com a pressão que um psicopata pode fazer. Em adição, a baixa tolerância a críticas pode expor a pessoa ainda mais, pois será vítima fácil das observações dos outros.

Isso implica, necessariamente, em aprender a tolerar o desconforto que tem curta duração. A maior parte das pessoas saudáveis, bem-sucedidas e com personalidade é capaz de tolerar situações de desconforto, tanto no dia a dia como na busca de objetivos maiores. Ou seja, aguentam firme as dores momentâneas com olhos em resultados duradouros e de longo prazo. Esse tipo de pessoa é perseverante, sabe que precisa se exercitar para ter um corpo saudável, sabe que tem que guardar dinheiro para a velhice, entre outras atividades que levam tempo para chegar ao objetivo.

Outro aspecto relevante é ser capaz de tolerar a incerteza. Pessoas produtivas e centradas tendem a se preparar para suportar um certo grau de incerteza e risco. Esperar que o mundo nos dê garantia de tudo é pedir para sofrer, é pedir o impossível. É uma receita certeira para a infelicidade. Portanto, a segurança vem do equilíbrio entre custo e recompensa. Quanto menor o custo, menor a recompensa. Sendo assim, é importante estar centrado e em contato consigo mesmo para poder enfrentar as situações-limite pelas quais o psicopata fará você passar.

Dessa forma, aceite que você é humano e passível de erro. Muitas vezes a vida pode se tornar muito mais difícil do que é necessário apenas por termos uma visão muito séria de nós mesmos. Isso não quer dizer deixar de se respeitar, mas sim não levar tudo "a ferro e fogo". Aceite que você pode cometer erros e terá que considerá-los aceitáveis, até certo ponto, aprendendo que as pessoas sempre irão julgá-lo.

Ainda assim, elimine sua postura defensiva, escute o que as pessoas têm a dizer a seu respeito, afinal pode ser um bom momento de aprendizado. Claro que tudo deve ser feito baseado em respeito mútuo. É preciso entender que não precisamos estar certos o tempo todo e que aceitar estar errado pode facilitar a aceitação da crítica. Leva tempo para desenvolvermos essa atitude, mas, quando conseguirmos, estaremos aptos a lidar melhor com os psicopatas de plantão.

Outra questão que se fala pouco na literatura empresarial é sobre a forma que encaramos aquilo que consideramos ofensa. Se uma pessoa pensa que todos lhe devem respeito e que só tem valor de acordo com a opinião alheia, então se sentirá ofendido se alguém deixar de lhe prestar a atenção que crê merecer. Portanto, não se ofenda facilmente, resista à tentação de prestar atenção demais ao que pensam a seu respeito.

Na verdade, as pessoas estão ocupadas demais consigo mesmas para prestar atenção às necessidades alheias. Pense quantas vezes você efetivamente para e pensa na vida dos outros, buscando solução para os problemas deles. A recíproca deve ser verdadeira.

Ajuda muito se você tiver claro quais são suas verdadeiras crenças. Elas podem ser a seu respeito ou ainda sobre as outras pessoas. Muitas vezes, por conta de experiências dolorosas que tivemos, tendemos a fazer associações que podem influenciar a maneira como vemos o mundo ao nosso redor. Quando interagimos com um psicopata, precisamos lembrar disso e não nos deixar abater, piorando ainda mais a situação.

Sendo assim, explore melhor a maneira que seu passado influencia seu presente. Muitas experiências complicadas podem contribuir para a criação de crenças que não são positivas. Isso ocorre quando temos perda de entes queridos, crescemos sem pai ou mãe, somos perseguidos na escola, somos abandonados por uma pessoa importante, sofremos uma grande decepção, entre outros grandes traumas. Tudo isso pode ter um profundo efeito na saúde mental de um indivíduo e interferir em seu presente, influenciando na forma como ele se analisa e pensa sobre si mesmo.

DESENVOLVENDO TOLERÂNCIA À FRUSTRAÇÃO

Além disso tudo que abordamos sobre o autocontrole, é importante ainda frisar que nosso temperamento pode ser um fator complicador. Temos que pesar os prós e os contras de se ter um temperamento explosivo. Se por um lado as pessoas ficam receosas de te enfrentar quando você fica nervoso, de outro elas ficam com o pé atrás sem ter interesse em entender o que você está pensando. Acreditar que você está certo ao ficar nervoso é um dos desafios mais comuns para domar a raiva nociva. Todos nós temos o direito de ficar com raiva, mas se puder ser controlada, dificilmente você perderá a razão numa discussão. É um desafio constante manter a calma diante das diversidades.

Por isso, é necessário desenvolver tolerância à frustração que ocorre quando alguém o impede de conseguir o que você almejava. A situação é desconfortável, frustrante, mas você terá que aprender a superar o desconforto. Só assim poderá lidar de maneira positiva com a raiva e terá controle sobre suas próprias reações.

Para melhorar sua tolerância à frustração, faça a você estas perguntas: essa situação é mesmo terrível ou apenas inconveniente? É impossível controlar minha raiva neste momento? Posso superar este desafio? Procure responder com absoluta isenção, ou seja, sem usar a raiva como ponto principal.

E para que você possa ter sua raiva sob controle, cabe ter mais preferências do que exigências no que se refere à forma como as pessoas agem. Isto é, preferir algo do seu jeito não quer dizer que você tem que exigir que assim seja. Você não poderá controlar todo mundo, por isso é necessário ter flexibilidade no momento de julgar as atitudes alheias.

Na relação com o psicopata, é necessário encontrar formas de controlar a raiva para sua própria saúde.

É importante entender que ter tolerância e aceitação não significa fraqueza ou desistência. Significa prudência e sabedoria para usar a raiva somente quando for crucial, não se exasperando a troco de nada, ou ainda, confrontando pessoas perigosas. Agindo assim evitará desgastes com psicopatas que estão prontos para brigar e, mais ainda, para ganhar a qualquer preço qualquer briga.

Em adição, é importante reconhecer que temos uma natureza mutável, estamos constantemente nos aperfeiçoando. E, por conta disso, amadurecemos diante de situações que em outros tempos nos tirariam do sério. A maturidade faz com que tenhamos uma outra visão sobre o mesmo assunto, e muitas vezes uma percepção antagônica. Por isso é fundamental, no momento da pressão feita por um psicopata, ter o controle sobre a raiva e sobre o que pensamos realmente sobre o mundo. A autoaceitação significa resistir a se dar um rótulo ou ainda definir o porquê de alguém fazer pressão e querer brigar. Nesse sentido, melhor respirar fundo e sair de perto, se for possível. Se não for, manter o autocontrole da raiva será crucial decisivo entre conseguir conviver ou não com os psicopatas.

Uma forma de resistir à tentação de confrontar um psicopata é manter seu corpo e mente saudáveis. Em geral, quando a mente e corpo se encontram em depressão, tudo fica mais difícil de encarar e de reagir de maneira positiva.

Sendo assim, é importante ficar atento aos sinais de que seu corpo precisa de atenção. Alguns sintomas são estímulos claros no que se refere a contribuir para um processo depressivo. Em geral, há pensamentos negativos, inatividade, isolamento social, procrastinação e ruminação de pensamentos que não constroem. É claro que existem sintomas mais evidentes, que os especialistas podem detectar com clareza, mas se estes citados fizerem parte do seu dia a dia, cabe procurar um profissional da área para avaliar sua saúde.

CUIDAR DO CORPO É CUIDAR DA MENTE

Em adição, quando nosso corpo se encontra em depressão, podemos enxergar tudo pior do que, é e aí sim tornar a situação mais caótica. Estar deprimido e se deparar com um psicopata é algo sério e doloroso. Portanto, cabe analisar um pouco mais o que significa a depressão e o que ela causa. O objetivo não é dar diagnóstico, apenas revelar alguns alertas para que possamos ficar atentos e nos preparar para o combate diário.

Quando o corpo e a mente estão em estado depressivo há pensamentos autodestrutivos e sentimento de culpa constante. Existe a perda do interesse em atividades corriqueiras que a pessoa apreciava fazer — não sente mais prazer em quase nada e tem dificuldade de concentração. Tende a se afastar dos outros e a se manter com alto nível de irritabilidade. Sente-se cansado e letárgico, mas não consegue dormir devido à insônia. Tudo isso leva à perda do apetite e, mais ainda, à perda do interesse pela vida. Veja que se trata de um quadro sério e que, se não tratado, pode prejudicar a forma como a pessoa irá lidar com o psicopata.

Se de um lado existe a depressão, de outro há a ansiedade, inimiga da nossa saúde física e mental. Na hora de confrontar ou conviver com um psicopata, a ansiedade não é nenhuma aliada. É necessário que tenhamos controle para não agirmos de maneira equivocada. Portanto, é importante entender a natureza da ansiedade, de onde vem e por que ela aparece. Se possível, desenvolva atitudes que ajudem a superar a ansiedade. E isso envolve desde ações para acalmar o corpo e a mente, como relaxamento, meditação, esportes calmos, caminhadas e, se ainda assim não houver melhora, talvez seja a hora de buscar ajuda de um especialista na área.

Da próxima vez que se aperceber em confronto com um psicopata, tente analisar suas emoções para poder, a partir delas, lidar com a situação da melhor maneira possível. Essas emoções passam por vergonha, mágoa, culpa, inveja, raiva, tristeza ou, ainda, ansiedade. Ou seja, você irá reagir dependendo de como se sente e de como estão suas emoções. Então seja mais objetivo com seus pensamentos, tente não misturar emoções, procure controlar seus sentimentos para que possa controlar suas ações. Em resumo, procure separar o que é realmente insuportável daquilo que é tolerável e que pode ser desconsiderado sob o ponto de vista de sofrimento. Tudo isso em prol de melhor conviver com quem conhece essas e outras tantas técnicas da mente, ou seja, o psicopata que vive no ambiente corporativo.

Querer que a realidade seja diferente ou controlável é algo que muitos almejam, mas é improvável. Por isso, aprender a viver no presente momento é uma das artes que quem é capaz de executar sai disparado na frente.

Ao mesmo tempo, é incrivelmente difícil de fazer. Sejamos honestos: cada um de nós, durante vários períodos de nossas vidas, experimentou situações que não gostaríamos, que não queríamos que acontecesse. Fatos como: gostaria que meu trabalho não fosse tão entediante, que meu esposo ou esposa viajasse menos, que meus filhos fossem mais estudiosos, que meu sócio não tivesse me traído, entre tantas outras coisas desagradáveis.

Quando não ocorre como gostaríamos, começamos a duvidar da nossa capacidade de vencer os desafios do momento. Por isso, se não temos princípios e valores sólidos, não superamos as dificuldades e os momentos difíceis. A realidade se impõe, não concretizamos o que queremos e, portanto, nos perdemos no caminho rumo às realizações. Por isso, diante das dificuldades dentro das organizações, é preciso parar sempre para dar vida às nossas verdadeiras crenças. Só assim conseguimos acreditar num futuro melhor.

DIGA-ME COM QUEM ANDAS...

Outro aspecto relevante é analisar melhor suas companhias, ou seja, as pessoas com as quais convive. Não me refiro aos psicopatas, mas às pessoas que têm o poder de o desestruturar, de o tirar do sério. Trata-se de gente que tem o dom de agir e de falar o que desperta em você o seu pior comportamento. E isso não é privilégio seu, pois somos todos suscetíveis ao descontrole reativo.

Mesmo que você tenha uma longa história com uma pessoa, sempre é hora de analisar se este relacionamento ainda vale as dores que causa. Pesar os prós e os contras. Não hesite em pôr fim a uma relação nociva, seja lá com quem for. Afinal, é sua saúde física e mental que está em jogo. No mínimo, reduza as vezes e o tempo a que se expõe a este relacionamento infrutífero. Uma amizade, um relacionamento de qualidade é o mínimo que se espera de alguém.

Em adição, estamos sempre dando uma nova chance e oportunidade para certas pessoas, mas o resultado não vem, e continuamos sofrendo. Não vale a pena. Se você olhar para trás e for honesto com você mesmo, perceberá que determinadas relações nunca acrescentaram algo positivo em sua vida. Algumas até destruíram parte de sua história. Estamos sujeitos a encontrar pessoas deploráveis em nossa caminhada, mas nunca é tarde para dar cabo a esses relacionamentos do mal. É sempre uma decisão difícil e delicada deixar de conviver com alguém que tem uma longa história conosco, mas se faz necessário quando sua vida é o que está em risco.

É importante aprender a lidar também com pessoas difíceis e tóxicas. Nós somos como uma esponja e absorvemos o ambiente em que vivemos. Não importa o quão bem-sucedido ou importante você seja ou, ainda, o quão otimista e feliz você é, se estiver vivendo num ambiente negativo, estará deixando roubarem seu potencial. Este ambiente lhe colocará em situação de atraso nas suas realizações.

Isso ocorre porque pessoas assim estabelecem um sistema de contínua alimentação de atitudes pessimistas e negativas. Ou seja, pensamentos limitantes que irão contaminá-lo.

Ser uma esponja absorvendo toda essa carga negativa atingirá diretamente seus sentimentos e reações. E a vida é curta demais para termos que lidar com pessoas difíceis e tóxicas. A estratégia nesse caso é, sem dúvida, eliminar pessoas que não dão apoio, suporte, que não nos encorajam, não propiciam um convívio de troca, mas, ao contrário, tornam nossa vida sem perspectiva de melhora.

CONTROLAR AS EMOÇÕES

É importante e crucial saber lidar com fortes emoções negativas. Ou seja, existe um largo *spectrum* delas – como já abordamos em outros capítulos. Saber lidar com cada uma exige atenção especial. Vão desde raiva, medo, insegurança, sentimento de perda, entre outras emoções difíceis de conviver. A tendência a evitar emoções que nos fazem sofrer é, em geral, o que nos causa algumas doenças mentais.

A solução para lidar com emoções negativas é permitir que as sintamos de maneira plena e as entendamos. Para conseguir qualquer tipo de sucesso na vida e ser uma pessoa efetiva no ambiente de trabalho, é necessário aprender a lidar com as alterações de nosso humor. Aqui me refiro, de maneira empírica, ao termo "humor" aquilo que os médicos psiquiatras determinam como alterações da mente. Em alguns momentos pode existir euforia e em outros, alguma depressão. Num grau maior ou menor, o humor sofre alterações quando se trata de um transtorno chamado bipolaridade, conforme abordado anteriormente.

Em adição, nós não queremos ficar vulneráveis e, portanto, aprender a controlar nossas emoções negativas se faz premente. Muitas vezes um relacionamento começa com confiança. Porém, em outras situações, ela tem que ser desenvolvida e conquistada. Ainda assim, confiança é condição fundamental para uma relação. Em alguns casos, quando a confiança entre as pessoas fica abalada, só a verdade é capaz de restabelecê-la. Ou seja, a verdade tem o poder de reconstruir a confiança. Tudo que vive nas sombras da mentira não constrói. E esse é o estilo do psicopata, que não conhece a verdade como meio de construir um relacionamento.

Outra questão relevante para se ter uma vida equilibrada na hora de buscar desafios é a disposição para assumir riscos. Quando se trata de conviver com psicopatas dentro do trabalho, assumir riscos para sair da pressão é algo para se analisar positivamente. Para algumas pessoas, a ideia de ter que assumir riscos é congelante. Já para outras, é algo natural e parte da vida. Mas é claro que os riscos devem ser medidos e calculados. Quando assumimos riscos calculados, nossa chance de êxito aumenta e, com isso, aumentamos nossa confiança como profissionais.

Isto é, embora tomar riscos seja necessário e fundamental, antes você deve saber onde está e para onde quer ir. Se não há como evitar os riscos, que o façamos de modo intencional, ou seja, planejando e indo atrás deles. Em geral, bom desempenho e sucesso dependem de uma boa dose de risco. Até porque sucesso tem mais a ver com saber para onde ir do que com o que se quer.

Em adição, devemos abrir concessões sobre coisas menores da vida, mas não aquelas que são nossos sonhos mais importantes. Sendo assim, não arrisque demasiadamente aquilo que lhe é muito precioso.

AUTOCONFIANÇA

Um dos pontos de partida para construirmos nossa autoconfiança é estarmos preparados para questionar o que nos ensinaram. Além disso, somos treinados para agir e sempre buscar solução. Ocorre que, às vezes, temos que esperar para agir na hora certa, dando a impressão de que não estamos fazendo nada. É preciso autoconfiança para esperar o momento adequado de agir. Até porque a espera é a parte mais difícil. Geralmente é mais fácil agir, fazer alguma coisa e não ficar parado. Autoconfiança é algo que se deve treinar constantemente. Sentir autoconfiança é estar seguro, como afirma Rosabeth Moss Kanter, professora da Harvard

Business School, em seu livro *Confidence* (2006): "A segurança é a ponte que liga a expectativa à realização".

Por outro lado, quando há excesso, a autoconfiança pode se tornar algo ruim, criando dogmatismo, inflexibilidade e incapacidade de ouvir. Em geral, quem é seguro em excesso tende a ter certeza demais sobre tudo. Muitas vezes percebemos que estamos errados mesmo tendo, em certo momento, 100% de certeza sobre algo. Olhamos alguém de longe e podemos jurar ser alguém conhecido. Os olhos enganam a mente, que passa a acreditar. O excesso de confiança nos faz arriscar mais, de forma perigosa, sem medir consequências, e isso pode ser danoso.

Os psicopatas são naturalmente repletos de autoconfiança, sempre em excesso. Quando estão demasiado seguros, tendem a quebrar ainda mais as regras da sociedade, tornando-se um perigo ainda mais evidente.

O COTIDIANO COM UM PSICOPATA

Jorge era um profissional que ostentava todas as características de um excelente funcionário. Era o primeiro a chegar e o último a sair. Frequentemente, para cobrir férias de alguém ou para ajudar quem estivesse sobrecarregado. Atuava na área de tecnologia e dominava hardwares e softwares, razão pela qual era chamado constantemente para colaborar a desvendar problemas. Não faltava a Jorge iniciativa e predisposição para contribuir.

Apesar de os orientais aparentarem ser mais reservados, Jorge era extrovertido e falante, se dava razoavelmente bem com todo mundo e tinha habilidade no trato social. Quase nunca se ausentava, e nos feriados e turnos extras sempre se oferecia de bom grado para trabalhar. Para Jorge, ser exemplar em tudo que fazia no trabalho era crucial.

Ainda assim, havia quem dissesse que Jorge era muito agressivo em casa e um pai pouco tolerante com erros. Em adição, Jorge tinha alguns sérios desvios momentâneos de personalidade. Gostava de fazer brincadeiras racistas e de contar piadas sobre mulheres. Ele era indesejado nas horas de almoço e cafezinhos, ocasiões nas quais fazia, mais acentuadamente, esses comentários infelizes.

Marta, uma das funcionárias, já estava cansada das piadas de Jorge e fez uma reclamação à chefe dele. Assim, foi chamado para uma conversa. Segundo quem ouviu o diálogo, o homem foi advertido fortemente.

A partir daquele dia, Jorge nunca mais fez uma só brincadeira ou comentário pejorativo. Mudou completamente de postura. Jorge virou outra pessoa, mais quieta e cordata. Algo muito drástico ocorrera naquela sala da chefe.

Tempos se passaram, e Marta foi chamada pelo chefe e demitida sumariamente. De acordo com ela, teria sido por conta de um e-mail que mandara para Jorge. No e-mail, supostamente ela o ofendia, dizia palavrões, palavras chulas, fazia acusações graves e demonstrava preconceito racial e ódio contra os japoneses.

Ocorre que, segundo Marta, ela jamais escrevera aquele e-mail, embora estivesse claro que havia saído de seu computador.

Antes de deixar a empresa, foi falar com Jorge e dizer-lhe que jamais escrevera aquilo sobre ele. E foi a surpresa, quando ele disse a ela:

– Um dia da caça, outro do caçador!

Sorrindo, virou as costas e continuou o que estava fazendo.

Marta se deu conta naquele momento de que havia sido Jorge quem escrevera o e-mail. Decidiu acusá-lo no meio do departamento e em público. Foi aberta uma sindicância e constatada a invasão do computador. Simplesmente porque o registro de cartão da funcionária indicava que Marta estava fora do prédio quando aconteceu o acesso ao seu computador. Apenas Jorge sabia a senha da maioria dos funcionários.

Jorge confessou a vingança e foi demitido. Marta até hoje tem medo do que lhe possa ocorrer depois de ter convivido com alguém tão falso, tão dissimulado. Jorge segue trabalhando em outra empresa na área de tecnologia. Provavelmente, fará outras vítimas.

om

NEM TODAS AS PESSOAS MÁS SÃO PSICOPATAS. ELAS TÊM O POTENCIAL PARA FAZER O MAL, APRENDA A CONVIVER COM ESSA REALIDADE

8

Existe uma reflexão que cada ser humano precisa fazer diariamente na busca do crescimento: por que eventualmente fazemos o mal? Nem todas as pessoas más são psicopatas, porém todos psicopatas fazem o mal, mais cedo ou mais tarde. É necessário aprender a lidar com eles, logo, detectar alguns tipos específicos de transtorno de personalidade pode ser de grande valia.

Com base nas tabelas técnicas da American Psychiatric Association, podemos extrair algumas, mas não todas, informações sobre os transtornos mentais. Escolhi apenas os tipos de transtornos que podem ser mais perigosos. O objetivo é facilitar a identificação deles sem se ater à parte científica das doenças.

TRANSTORNO DE PERSONALIDADE ANTISSOCIAL

Alguns psicopatas nunca cometeram crimes, e outros não têm alto nível de agressividade. Porém, talvez seja por falta de oportunidade. Certos dados indicam que talvez o que separe os grupos seja o quociente de inteligência de cada um.

Alguns indivíduos com traços de personalidade psicopata tendem a evitar contato direto com órgãos ou entidades legais. Pessoas com esse tipo de transtorno costumam não respeitar as leis e acabam se envolvendo em situações que levam à detenção. São pessoas falsas, caracterizadas por contar mentiras constantemente, chegando a usar nomes falsos e identidade fraudulenta.

Em adição, têm dificuldade para planejar o futuro. Sofrem de uma frequente irritabilidade, cometendo até agressões físicas. Apresentam um claro descaso pela segurança dos outros e até de si próprios. Não honram responsabilidades e obrigações financeiras. Por fim, são indiferentes em relação ao seu semelhante, não sentindo empatia e nem remorso.

TRANSTORNO DE PERSONALIDADE BORDELINE

Pessoas com essa doença levam uma vida cheia de tumultos e confusão. Os relacionamentos são instáveis, e esses indivíduos têm de si mesmos uma imagem negativa. Embora arrogantes e briguentos, muitas vezes se sentem vazios e apresentam tendência suicida.

Fazem grande esforço para evitar o abandono, que nem sempre é real. São carentes de uma maneira exagerada e querem companhia o tempo todo. Muitos psicopatas têm características de bordeline, incluindo a agressividade. Tendem a idealizar as pessoas e, no momento seguinte, desvalorizá-las.

Fica clara a falta de estima por si próprios e a insegurança sobre sua capacidade de realizar. Têm um desvio na forma como se enxergam, e isso as desequilibra constantemente durante os relacionamentos. São autodestrutivos e podem cometer ações perigosas, como dirigir em alta velocidade embriagados. Se fazem de vítima e são irresponsáveis quando se trata de bebidas alcoólicas e uso de drogas.

Ameaçam as pessoas com eventual suicídio para atrair piedade e benevolência. Tais ações geram uma raiva intensa e dificuldade para controlá-la. Nas crises coléricas são capazes de agredir e quebrar tudo à sua volta. Quando não conseguem o que querem das pessoas, podem intimidá-las com todo tipo de exigência, chegando até a pedir dinheiro ou ameaçar com sequestro e cativeiro. Todo cuidado é pouco quando se trata de um psicopata borderline.

TRANSTORNO DE PERSONALIDADE PARANOIDE

Essas pessoas tendem a desconfiar de todos por conta do medo de que os outros possam usar informações contra elas, prejudicando-as. Têm facilidade para criar situações ruins a partir de circunstâncias aparentemente simples e sem maldade, o que propicia sempre constrangimento em pessoas que não desejam fazer o mal.

É o tipo de pessoa que guarda rancor e não perdoa. Toda vez que alguém faz uma crítica a ela, tende a exagerar, achando que o comentário irá destruir sua reputação.

Quando tem um parceiro sexual, acredita, de forma infundada, que há traição. Da mesma maneira, não confia nas pessoas e acha que todos irão traí-la. Trata-se de uma espécie de sujeito que, quando psicopata, tem mania de perseguição.

TRANSTORNO DE PERSONALIDADE ESQUIZOIDE

São pessoas que não se interessam por fazer atividades, sejam quais forem. Quando as fazem, tendem a ser solitárias. Não têm interesse por relações íntimas, incluindo fazer parte de uma família. Não possuem amigos próximos e nem confidentes, pois não confiam em ninguém.

Não elogiam e nem gostam de serem elogiados, desprezam qualquer tipo de relacionamento afetivo, demonstrando frieza emocional. Esse tipo de pessoa, quando psicopata, pode se tornar bastante perigoso.

TRANSTORNO DE CONDUTA

Esse transtorno leva as pessoas frequentemente a provocar as outras, ameaçando-as e intimidando-as. É o tipo de indivíduo que provoca brigas, inclusive utilizando armas de todo tipo.

Costuma ser cruel com pessoas e animais sem sentir remorso ou arrependimento. Destruição dos bens alheios, roubo e outros crimes semelhantes fazem parte de sua forma de conduta. O melhor a fazer nesse caso é ficar longe quando se trata de um psicopata com transtorno de conduta.

TRANSTORNO DE PERSONALIDADE NARCISISTA

Pessoas com esse transtorno apresentam autoadmiração excessiva, acreditando serem especiais. Em adição, são preocupadas demasiadamente com sucesso ilimitado, brilho, poder e beleza, entre outros desejos irreais.

Ao executarem algo de destaque, esperam que os outros lhes parabenizem o tempo todo e, quando não o fazem, ficam frustradas. São grandes exploradoras das pessoas e querem sempre tirar vantagem das relações interpessoais. Não se importam com os sentimentos alheios e nem sentem empatia. São egoístas e só pensam em si mesmas, na sua crença de que têm mais direitos que os outros. Psicopatas assim são grandes predadores.

TRANSTORNO DE PERSONALIDADE OBSESSIVO-COMPULSIVO

Quando um psicopata tem esse transtorno, ele pode exigir que as pessoas sigam suas regras rígidas e perfeccionistas. É excessivamente organizado e não suporta que tirem do lugar aquilo que para ele é o padrão correto de organização. Espera que todos entendam o critério que utiliza para se organizar. Reluta em delegar atividades e tarefas, pois não confia que as pessoas farão no seu nível de exigência.

Chega a ser neurótico com os detalhes, tornando a vida dos que o rodeiam cheia de estresse e medo de fazer algo "imperfeito". É o tipo

de pessoa que exibe muita rigidez e teimosia. Um psicopata obsessivo-
-compulsivo pode representar um perigo a mais para suas vítimas.

O COTIDIANO COM UM PSICOPATA

Contratei William para uma posição importante e de destaque na
organização onde trabalhava. Ele possuía sólida formação, era articulado
e tinha uma característica que me tocou: a origem humilde.

Era a história de sucesso do filho do feirante, que estudou em escola
pública, formou-se em faculdades de primeiríssima linha, em dois cursos
superiores. Inteligente e batalhador, pensei. Entretanto, havia lados som-
brios que demorei a descobrir. William mostrou-se competente e entregava resultado, mas era fofoqueiro. Porém, não me incomodei muito com
isso. Afinal, eu não dava trela para fofoca, e ele continuava entregando resultados. Um erro meu, que anos depois descobriria. Fofoca é um veneno!

Tempos depois, quando montei minha empresa de consultoria, Wi-
liam me procurou interessado em ser sócio. Continuava com dúvidas
quanto ao seu comportamento, porém ele "entregava resultados". Com-
binamos uma fase de experiência, e ele acabou por entrar para o time.

No dia a dia, William mostrou sua face psicopata. Para atingir seus
objetivos, usava qualquer recurso. Ao apregoar a ética e a moral com vee-
mência, tirava a atenção sobre si, o que lhe permitia agir nos bastidores
sem qualquer escrúpulo.

A divisão dos lucros da nossa sociedade passava pela captação de clientes, portanto a visibilidade dos sócios na imprensa era muito importante, e,
por causa disso, havia um rodízio no atendimento a esse setor. Jornalistas
estão sempre sem prazo para fechar uma matéria, e William os atendia
com presteza e rapidez, passando, inclusive, seu número de celular pessoal.
Era um psicopata narcisista, isso fui aprender depois.

Nos projetos, William continuava hábil. O importante era parecer competente e brilhar nas apresentações finais, evitando situações conflituosas. A bomba que estourasse no colo de outro.

Em alguns projetos, ele demonstrou especial implicância com clientes que, sob a ótica dele, eram "pessoas mal resolvidas". No mínimo, hipocrisia de sua parte, mas acima de tudo, perversidade.

Notando essa coleção de fatos, e esse lado mais obscuro de William, comecei a observá-lo ainda mais de perto. Percebendo a ameaça, sua mente de psicopata agiu rapidamente. Passou a ser conciliador em público e desagregador em particular. Nas reuniões, sempre que havia alguma discussão ou divergência, ele colocava panos quentes. Entretanto, após a reunião, procurava separadamente os envolvidos, elogiava e demonstrava compreensão com o ponto de vista daquele com quem estava falando no momento. Fazia isso com ambos os lados e, assim, mantinha abertas feridas que poderiam ser cicatrizadas, acirrando os ânimos para a próxima reunião. Destruía o espírito de equipe.

William sentiu que seus dias estavam contados e tentava prejudicar ao máximo a sociedade enquanto montava nos bastidores uma empresa concorrente.

Contratamos uma moderadora profissional para auxiliar todo o time nas discussões internas, estas voltadas ao planejamento estratégico.

Em apenas duas reuniões, a moderadora Ariane começou a apontar incoerências e paulatinamente fazer aquilo que eu sabia que aconteceria: desmascará-lo. Percebendo aonde chegaríamos, pediu para deixar a empresa rapidamente.

Antes de sair, copiou e levou consigo todos os arquivos dos projetos que lhe poderiam ser úteis, e também conquistou a sócia Valdirene, oferecendo-lhe condições melhores na nova sociedade, que certamente iria servir aos interesses dele.

Demorei para perceber o quanto um psicopata não descoberto pode fazer de estrago. Descubra-o e livre-se dele o mais rápido possível.

NÃO PENSE EM MUDAR O PSICOPATA, E SIM A SI MESMO

Situações complexas e difíceis com esse tipo de pessoa pedem estratégia elaborada. Como diz Charles Swindoll, "a vida é 10% o que nos acontece e 90% a forma como reagimos ao que acontece"[1].

Um dia, tudo parece bem, talvez não perfeito, mas de maneira geral dentro do planejado. E, de repente, algo acontece: você perde seu trabalho, ou alguém que você ama, ou sua casa, ou ainda sua saúde.

Não é justo, você pensa, você não merece, analisa e ainda se lamenta por não ter previsto o que estava para acontecer. Você se sente frustrado e não sabe mais como agir. Dentre as razões para a tristeza e frustração pode haver a participação de um psicopata, que pode levá-lo a perder muito do que foi descrito acima.

Portanto, para enfrentar a situação, é importante estar preparado. E, mesmo se houver perdas, buscar um modo de superá-las e seguir adiante. O que não se pode fazer é sentar e desistir de lutar. É fundamental se afastar do predador e, na sequência, recuperar as forças que ele levou de você. Voltar a acreditar que há pessoas que querem seu bem e estarão dispostas a lhe ajudar fará com que esse momento seja superado.

Cabe relembrar algumas ações que devemos tomar quando enfrentamos situações-limite: sinta toda a dor da perda, analise onde pode ter errado, imagine o que poderia ter sido feito de maneira diferente e trace um novo plano de vida. Faça da aceitação da mudança uma prioridade e remova a palavra injustiça do seu vocabulário. Em se tratando de psicopatas, a justiça nunca terá espaço.

Coloque seu foco nas lições de vida que pode tirar e questione se o problema é tão grande quanto parece. Leve tudo a sério, mas não se desespere. Deve haver soluções de médio e curto prazo e, nesse momento, otimismo representa um importante papel na sua vida. Faça da

---

1 The Grade Awakening (1990).

força o seu mantra e lembre-se de que você sempre pode continuar de onde parou.

Pergunte-se como alguém que você admira e respeita lidaria com a situação e se inspire na resposta. As pessoas irão lhe ajudar, lembrarão de suas realizações, mas também esperam que você reaja de forma positiva. Sendo assim, reconheça a situação, faça um plano, procure ajuda profissional se necessário, mude o que puder, identifique o que não pode mudar. Foque no que pode e quer mudar.

Fatores que podem lhe impedir de ter sucesso nessa empreitada devem ser analisados, como pessimismo, dúvida de suas capacidades, remoer o passado, medo, insegurança, entre outras tendências.

Durante o processo para lidar com psicopatas diariamente, é necessário um grande controle do estresse e da ansiedade. Sendo assim, cabe lembrar conceitos básicos para isso, pois, na corrida da vida, esquecemos que tomar tais cuidados é fundamental.

Você deve sempre fazer o seu melhor, ou seja, o que é possível, evitando a sobrecarga mental e física. Será sempre mais adequado contar até dez antes de reagir a uma provocação, tentando manter o controle emocional. Cabe lembrar que, segundo Maxwell Maltz, baixa autoestima é como dirigir pela vida com o freio de mão puxado.

Para tanto, cuidar do corpo tem papel relevante, pois normalmente apenas um corpo saudável pode acolher uma mente tranquila. Procure se exercitar para manter a pressão sanguínea em níveis normais, isso fará diferença na hora de enfrentar um psicopata. O importante é se reeducar, obtendo a habilidade de escutar sem perder a autoconfiança.

Aprenda e entenda o que dispara sua ansiedade e tente antecipar essas situações para se prevenir e se cuidar. Mantenha, quando possível, uma atitude positiva para superar tais obstáculos e procure dormir bem para estar sempre disposto. Afinal, ninguém reage bem sem ter um corpo descansado.

Fora isso tudo, tenha alguma crença espiritual, com o objetivo de se fortalecer para buscar o melhor caminho para suas reações.

MERGULHE EM SEU INTERIOR

"Conheça-te a ti mesmo" é uma frase clássica que era utilizada pelo filósofo Sócrates, cuja principal ideia é alertar sobre a importância de se ter autoconhecimento para enfrentar e superar os desafios. O conhecimento de si mesmo é um processo que nunca termina, e por que nunca se encerra, jamais podemos dizer que estamos prontos. Uma das vantagens de se conhecer é não ter que dar tanta importância para o que as pessoas pensam de nós. Isto evitará muito sofrimento. Para ganharmos conhecimento, é necessário ter sabedoria para aprender coisas novas todos os dias, eliminando aquelas que não trazem felicidade. O autoconhecimento permite que você navegue no seu próprio ritmo e determine qual a melhor direção para a sua história.

Ainda assim, não é tarefa fácil e nem sempre passível de ser realizada dentro de curto prazo. Por ser um processo contínuo, podemos nos encontrar presos em conceitos antigos e resistentes à inovação de pensamentos e sentimentos.

Apesar de buscarmos o conhecimento no dia a dia, Sócrates afirma ainda que o conhecimento vem de dentro. Podemos adquirir experiência, fazer novas atividades, podemos nos inspirar em alguém, mas será dentro de nós que o processo frutificará.

Em adição, conhecimento sem aplicação pode ser um desperdício quando lidar com psicopatas. Ou seja, precisamos aprender as técnicas e aplicar o conhecimento para melhor enfrentar o desafio real que é estar diante de um psicopata. No trabalho rotineiro de uma empresa, isso se faz absolutamente necessário.

Nesse sentido, o filósofo Immanuel Kant deixa claro que todo conhecimento humano começa como intuição, passa a ser conceitual e, por fim, se torna ideia. Que possamos adquirir conhecimento para aplicarmos de forma a nos levar para uma vida plena cercada de pessoas de bem.

A você, meus desejos de felicidade acompanhada de sucesso.

BIBLIOGRAFIA

Assis, J. C. de; Villares, C. C.; Bressan, R. A. *Entre a razão e a ilusão*: Desmitificando a esquizofrenia. 2. ed. Porto Alegre: Artmed, 2013.

Babiak, P.; Hare, R. D. *Snakes in suits*: When psychopaths go to work. USA: Harper Business, 2007.

Barlow, D. H.; Durand, V. M. *Psicopatologia*: Uma abordagem integrada – Tradução da 7. edição norte-americana. São Paulo: Cengage Learning, 2016.

Branch, R.; Wilson, R. *Terapia cognitivo-comportamental para leigos*. Rio de Janeiro: Alta Books, 2011.

Bressan, R. A.; Estanislau, G. M. (Orgs.). *Saúde mental na escola*: O que os educadores devem saber. Porto Alegre: Editora Artmed,

Classificação de Transtornos Mentais e de Comportamento da CID-10: Descrições clínicas e diretrizes diagnósticas. Porto Alegre: Editora Artmed, 1992.

Fox, J. J. *How to became CEO*: The rules for rising to the top of any organization. New York: Hachette Books, 2000.

Hare, R. D. *Without conscience*: The disturbing world of the psychopaths among us. New York: Guilford Publications, 1995.

Kanter, R. M. *Confidence*: How winning streaks and losing streaks begin and end. New York: Crown Business, 2006.

Maquiavel, N. *O príncipe*. Porto Alegre: L&PM, 1998.

Mecler, K. *Psicopatas do cotidiano*: Como reconhecer, como conviver, como se proteger. Rio de Janeiro: Leya, 2015.

Moreno, R. A.; Moreno, D. H.; Bio, D. S.; David, D. P. *Aprendendo a viver com o transtorno bipolar*: Manual educativo. Porto Alegre: Editora Artmed, 2015.

Ronson, J. *The psychopath test*: A journey through the madness industry. USA: Riverhead Books, 2011.

Schein, E. H. *The corporate culture*: Survive guide. New Jersey: Jossey--Bass, 1998.

Silva, A. B. B. *Mentes inquietas*: Entendendo melhor o mundo das pessoas distraídas, impulsivas e hiperativas. 12. ed. São Paulo: Editora Gente, 2014.

_____. *Mentes perigosas*: O psicopata mora ao lado. Rio de Janeiro: Principium Editorial, 2014.

THORNE, G. *Psychopath*: Understanding the mind of a psychopathic person. Disponível em: <https://www.amazon.com/Psychopath-Understand-Mind-Psychopathic-Person-ebook/dp/B00RK9E4TW#nav-subnav>. Acesso em: 05 set. 2016.

WATKINS, M. *The first 90 days, updated and expanded*: *Proven strategies* for *getting up to speed faster and smarter.* Boston: Harvard Business School Press, 1992.

Contato com a autora
asina@editoraevora.com.br

Este livro foi impresso pela Assahí Gráfica em papel *Lux Cream* 70 g.